Harry Thürk **HÖLLE BURMA**

HÖLLE BURMA

**Ein fast vergessener
Kriegsschauplatz**

—

Harry Thürk

Brandenburgisches Verlagshaus

Die Deutsche Bibliothek – CIP-Einheitsaufnahme

Thürk, Harry: Hölle Burma: ein fast vergessener Kriegsschauplatz /
Harry Thürk. 1. Aufl. – Berlin: Brandenburgisches Verl.-Haus, 1995
ISBN 3–89488–086–4

ISBN 3–89488–086–4
© Brandenburgisches Verlagshaus, Berlin 1995
Printed in Germany
Kartenzeichnungen: Ronald Bense
Bildnachweis: Archiv des Autors
Umschlaggestaltung: Günter Hennersdorf
Gestaltung und Satz: Typografik & Design, Ingeburg Zoschke
Reproduktion: LiSa Lithografie und Satz GmbH
Druck und Binden: Offizin Andersen Nexö Leipzig

Brücke über den Sittang

»Lance Corporal Tomlin zu mir!«

Der Ruf wurde weitergegeben, bis er den Soldaten erreichte. Tomlin saß am Rande eines Weges, der in der Karte als Fahrstraße verzeichnet war, und zog seine Segeltuchschnürschuhe an. Zuvor hatte er mit dem glimmenden Ende einer Zigarette Blutegel von den Fußgelenken entfernt. Die Plagegeister der Tropen fanden immer wieder eine Chance, durch die Kleidung an die Haut zu gelangen. Langsam richtete Tomlin sich auf und humpelte zur Spitze der Kolonne; ein kleiner, etwas krummbeiniger Gefreiter, der sein Gewehr auf dem Rücken trug. Neben der Wasserflasche baumelte noch ein Patronengurt.

Er sah genauso abgerissen aus wie die anderen, die überall am Wegrand hockten, war durchnäßt von einem Regenschauer, sein Dschungelhut war zerfetzt. Im Gesicht hatte er unzählige Kratzwunden, auch darin unterschied er sich nicht von den anderen. Und sein Gesicht hatte genau den Ausdruck, den man überall hier sah: Mir reichts!

Nur ein Teil der Truppe bestand aus Engländern. Die meisten Soldaten waren Inder, rekrutiert in Bengalen oder anderswo auf dem Subkontinent, der britischen Kolonie. Die 17. Division, deren taktisches Zeichen die buckelnde Katze war, befand sich auf dem Rückzug von der äußersten Südostgrenze Burmas, ebenfalls britische Kolonie, in Richtung Westen.

Die Division hatte Burma in dem schmalen Landzipfel, der an Thailand grenzt, gegen den von dort erwarteten Angriff der Japaner sichern sollen. Aber das war mißlungen. Etwa eine Woche bevor Singapore kapitulierte, waren die ersten thailändischen Soldaten von den Japanern, die inzwischen einen Pakt mit Thailand geschlossen hatten, über die Grenze nach Burma eingeschleust worden. In Tomlins Kompanie hieß es, die ersten Angreifer seien am 8. Februar 1942 gesichtet worden, und so galt dieses Datum als Kriegsanfang. Aber ganz genau wußte das eigentlich keiner. Im Dschungel, wo es mit wenigen Ausnahmen immer naß ist, zwischen all den Riesenbäumen, Farnen, Lianen und vermodertem Holz, das erbärmlich stinkt, in diesem nervenden Einerlei mit seinen Tausenden Gefahren spielt das genaue Datum kaum eine Rolle. Ebenso wie keiner genau zu sagen weiß, an welchem Baum oder bei welchem Felsen die Grenze verläuft. Nur eines wußte man genau: Die Japaner und ihre thailändischen Verbündeten lagen seit Wochen auf der Lauer. Bis dann schließlich die Artillerie der Japaner zu schießen begann und die ersten Wellen japanischer Infanterie auftauchten. Es dauerte zwei Tage, ehe der Befehl zum Rückzug kam und man die Schützenlöcher an der Grenze räumte.

»Tomlin, Gott verdammt, bist du noch am Leben?«

»Ich bin«, krächzte Tomlin unwirsch, »und ich komme. Aber ich bin nicht der Orient-Expreß!«

Es war sein älterer Bruder, der ihn zu sich rief.

Major Philipp Tomlin führte die Einheit, in der Eric diente. Zufälle hatten dafür gesorgt, daß der Jüngere nach Jahren in anderen Truppenteilen hier in Burma plötzlich seinem Bruder unterstellt wurde, an der Grenze zu Thailand.

Die Kolonne, nicht mehr ganz so stark wie sonst eine Kompanie, hatte eine Ruhepause eingelegt. Sie war am Sittang angelangt, zusammen mit den Resten der 17. Division. Der Sittang war knapp achthundert Meter breit, verlief fast genau von Norden nach Süden und mündete unweit von Pegu in den Golf von Martapan. Niemand hätte auch nur annähernd sagen können, wieviele Kilometer Tomlin marschiert war in den letzten Tagen, immer die Japaner auf den Fersen. Die Soldaten waren abgestumpft von den Strapazen, sie reagierten zur Not noch auf Kommandos, aber auch da taten sie sich schon schwer.

Major Philipp Tomlin war nicht viel größer als sein Bruder, wirkte aber kräftiger, und er war glattrasiert, im Gegensatz zu Eric, dessen Rasierzeug längst in einer der unzähligen Schluchten lag, die sie passiert hatten. Der ältere Bruder verzichtete auf militärische Umgangsformen, zumal niemand zuhörte. Er wies in Richtung Sonnenuntergang. Da lag der Fluß, überspannt von einer Konstruktion aus Stahl und Stein. Die Brücke war ursprünglich nur für die Eisenbahnlinie gebaut worden, die aus dem Süden, von Moulmein kommend, bis Pegu führte. Dort gabelte sie sich. Eine Strecke verlief über Rangoon weiter westwärts bis zu dem am Irawadi gelegenen Prome, die andere nordwärts bis Lashio, einem der Hauptumschlagplätze für Kriegsmaterial, das auf der durch Lashio verlaufenden Burma-Straße zu dem verbündeten Tschiang Kai-shek ins südliche China transportiert wurde. Personen fuhren meist auf Fähren über den Sittang, wie in diesem Teil der Welt durchaus üblich. Als in den Stäben bekannt wurde, daß von der thailändischen Grenze noch beträchtliche Mengen an Kraftfahrzeugen, Geschützen und Troßwagen herankamen, ließ man die Brücke, die bereits zur Sprengung vorbereitet war, mit einem Belag versehen, um soviel rollendes Material wie möglich zu retten.

»Die letzte Brücke vor Rangoon«, sagte Philipp Tomlin. »Nach Einbruch der Dunkelheit setzen wir alles über, was da ist.«

Der Sittang war nach dem Salween und dem Bilin der dritte große Fluß, den sie auf ihrem Rückzug überwinden mußten, der letzte vor Burmas Hauptstadt. An beiden Flüssen hatten sie schwer zu kämpfen gehabt, um nicht während des Übersetzens von den nachsetzenden Japanern überrannt zu werden.

Eric Tomlin fragte seinen Bruder: »Hast du was zu essen?«

Philipp winkte einem Adjutanten, der in einiger Entfernung wartete. »Verpflegung für die Gruppe, die den Übergang deckt!«

Eric Tomlin runzelte die schmutzverkrustete Stirn und sah den Bruder mißtrauisch an. Philipp hatte ihn ganz sicher nicht nur rufen lassen, um ihm den Fluß zu zeigen.

Er irrte sich nicht. Der Major nahm ihn bei der Schulter und zog ihn unter die mannshohen Farne am Rande des Weges, der vollgestopft war mit Fahrzeugen und teilnahmslos vor sich hin dösenden, total übermüdeten Soldaten.

»Du bist einer der letzten Zuverlässigen, Eric. Du bist erfahren. Ich übergebe dir das Kommando über die Gruppe, die den Übergang deckt. Wir beginnen, sobald es dunkel wird und wir keine Flieger mehr zu fürchten haben. Du gruppierst deine Männer halbkreisförmig an der Auffahrt zur Brücke. Falls die Japse nachstoßen, halte sie unter allen Umständen auf. Erst wenn wir mit allem Troß drüben sind, ziehst du dich mit deinen Leuten zurück. Klar?«

Eric Tomlin nickte bedächtig. Er wußte, daß dies ein ebenso klarer wie unbequemer Befehl war. Himmelfahrtskommando. Er würde zu den letzten gehören, die nach dem alten Spruch von den Hunden gebissen werden. Halblaut, so daß es kein anderer hören konnte, bemerkte er: »Mir wäre es lieber, einer der ersten auf der anderen Seite zu sein.«

Der Befehl behagte dem Major selbst nicht, und ihn seinem Bruder zu geben, fiel ihm nicht leicht. Aber Eric hatte schon einige schwierige Situationen gemeistert, bevor er zu dieser Stabseinheit versetzt wurde. Ihm durfte er zutrauen, daß er sich zurechtfand und die Zufahrt zur Brücke tatsächlich so lange verteidigte, bis alle Truppen drüben waren. Davon hing das Überleben der Division ab. Und die Division

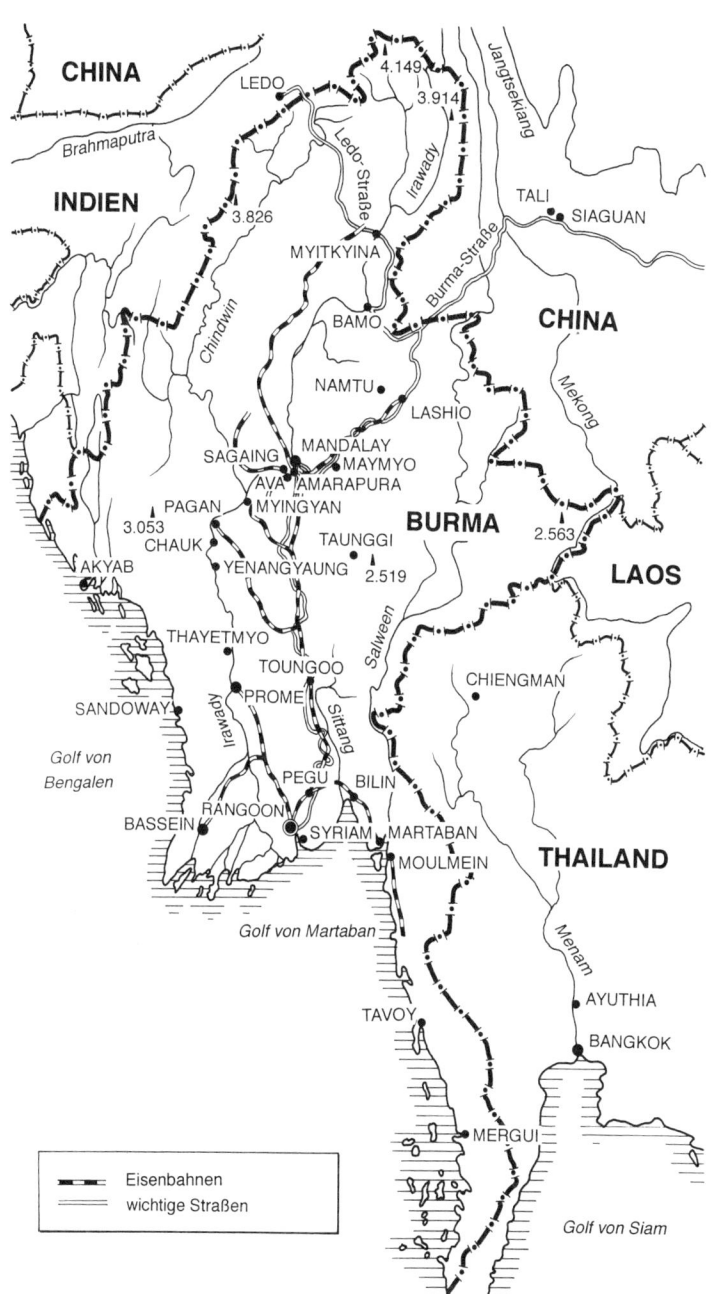

wurde gebraucht, denn der Krieg hatte gerade erst begonnen.

Wie es schien, stießen die Japaner auf Indien zu. Burma war eine Zwischenstation. Gebirgiges, schwer zugängliches Terrain. Nur wenige Straßen, vor allem von Ost nach West, weil die hohen Gebirgszüge fast ausnahmslos von Nord nach Süd verliefen. Man kam am besten entlang der Flüsse vorwärts. Erst auf Assam zu wurde das Gelände sanfter. Und waren die Japaner dort angelangt, würden sie die fruchtbaren Ebenen am unteren Bramaputra mit Leichtigkeit erobern. Dann war Südasiens Schicksal endgültig besiegelt.

»Noch ist nichts entschieden«, sagte der Major.

»Auch nicht, ob wir Rangoon verteidigen?« erkundigte sich Eric.

Der Major gab leise zur Antwort: »Glaube kaum, daß das lange geht. Wirst du es schaffen, uns zu decken?«

»Muß ich wohl.«

Der Major führte Eric vom Weg weg, ein Stück am Ufer entlang. Der Sittang war kein reißender Fluß, eher träge, gelb und lehmig wie alle Gewässer hier, in die jeder Regen neuen Schlamm spülte.

Philipp Tomlin deutete auf ein Gebüsch. Erst bei näherem Hinsehen entdeckte man ein mit Ästen getarntes kleines Motorboot. »Für dich. Wenn gar nichts mehr geht. Paß auf dich auf.«

»Danke.« Mehr wußte Eric Tomlin seinem Bruder nicht zu sagen.

Der Adjutant erschien mit einem Eselskarren. Hier im Gebirge waren solche Karren mit den anspruchslosen Zugtieren ein geradezu ideales Fortbewegungsmittel. Eric lüftete die Plane. Vor ihm lagen Proviantpackungen, Büchsen mit Spam, dem undefinierbaren Preßfleisch, Keks, sogar Zigaretten und ein paar Flaschen Gin waren dabei.

Eric Tomlin rief seinen Zug indischer Schützen herbei. Aus dem Bestand der englischen Unterführer suchte er einige aus, von denen er wußte, daß ihre Kräfte für ein letztes Gefecht ausreichen würden. Schließlich entfernte er sich mit etwa siebzig Leuten in Richtung Brücke, wo sich immer mehr Soldaten sammelten. Als er auf eine Gruppe Gurkhas traf, jene kleinen, zähen Krieger aus Nepal, die nicht einmal den Teufel fürchteten, nahm er sie in seine Kolonne auf. Im flachen, mit dichtem Dschungel bewachsenen Vorland der Brücke postierte er seine Soldaten in schnell angelegten MG-Stellungen und einfachen Deckungslöchern am Rande von Bodenwellen, wo es wenigstens einige hundert Meter Sicht gab. Die Pfade ließ er mit Sprengladungen blockieren, und in den Kronen mächtiger Kasuarinen postierte er Schützen. Er selbst suchte sich nördlich des Fahrweges einen Platz, der ihm sowohl Sicht auf die Brückenauffahrt als auch auf einen Streifen ebenen Graslandes im Norden bot.

Eric hätte nicht sagen können, warum er gerade auf dieses Gelände aufmerksam geworden war, aber instinktiv spürte er, daß von dort Gefahr drohen könnte. An den beiden anderen Flüssen hatten die Engländer zum erstenmal die Erfahrung gemacht, daß die Japaner über zahlreiche kleine Granatwerfer und über Kanonen verfügten, die äußerst beweglich waren, und mit denen sie ihre angreifende Infanterie massiv unterstützten. »Die Artillerie des kleinen Mannes« hatten die Soldaten diese Werfer und Kanonen zuerst genannt, aber inzwischen wußten sie, daß diese Waffen eigens für den Kampf in diesem Gelände entwickelt worden waren und mit einem Minimum an Aufwand beträchtliche Wirkungen erzielten.

»Achtung Tiefflieger!« Der Ruf pflanzte sich schnell fort, und fast ebenso schnell waren die gedrungen wirkenden »Zeros« über dem Fahrweg. Sie kamen von Flugplätzen im Westen Thailands. Außer ihren Maschinengewehren hatten sie Splitterbomben an Bord, die kaum Trichter rissen, dafür aber mehr als hundert Meter streuten. Eine gefährliche Waffe, besonders wenn sie gegen relativ ungedeckte Truppenan-

11

sammlungen wie an der Brückenauffahrt verwendet wurde. Mit dumpf brummenden Motoren flogen sechs Maschinen in einiger Höhe an. Aber dann stießen sie hinab, und ihr Motorengeräusch ging in ein helles Singen über. Die roten Kreise unter den Tragflächen leuchteten im Licht der untergehenden Sonne. Und dann fielen die ersten Bomben. Unmittelbar über dem Fahrweg betätigten die Piloten die Abzugsknöpfe der Maschinengewehre. Kurz vor der Brücke, wo einige überschwere englische Fla-MGs postiert waren, zogen sie steil nach oben und drehten ostwärts ab.

Werden die letzten für heute gewesen sein, dachte Tomlin und schaute sich um. Auf dem Fahrweg verendeten getroffene Mulis, Karren stürzten um, Verwundete wurden weggetragen. Ein Morris raste über die Brücke. Der Geländewagen hüpfte wie ein Frosch, weil sich ein paar Bretter des eilig von den Pionieren verlegten Belages gelöst hatten. In dem Fahrzeug saß Generalmajor Smyth, der Kommandeur der 17. Division, der das Sammeln seiner Truppen am Ostufer verfolgt hatte. Brigadier Hugh Jones, der dort geblieben war, preßte nervös die Lippen zusammen, als er sah, wie der Morris über die Bretter hüpfte.

Generalmajor Smyth hatte ihm befohlen, die herannahenden Japaner so lange es ging vor der Brücke aufzuhalten. Jeden Augenblick mußte aus südlicher Richtung die letzte Artilleriebrigade am östlichen Ufer auftauchen, die in Mokpalin, einem kleinen Ort an der Bahnlinie, nur wenige Kilometer entfernt, in Stellung gelegen hatte. Sie über den Fluß zu bringen, war einfach unerläßlich, wenn die Division ihre volle Kampfkraft wieder einigermaßen herstellen wollte.

Inzwischen ließ Smyth am Westufer einen Verteidigungsring aufbauen, obwohl die Sprengung der Brücke beschlossen war. Der Generalmajor war vorsichtig geworden. Selbst wenn alles wie geplant verlief, gab es noch die angreifenden Japaner, und deren Pläne ließen sich nur schwer durchschauen.

Hütten mit geflochtenen Dächern bestimmen das Bild der burmesischen Dörfer. Die Hütten werden auf Stelzen gebaut, um bei Regen und Überschwemmungen Schutz zu gewähren, außerdem wird meist das Hausvieh zwischen den Stelzen untergebracht

Bekam man nicht genug Fahrzeuge über die Brücke, um die Division schnell abzutransportieren, hätten die Japaner mit den Zurückgebliebenen leichtes Spiel. Mobilität hingegen bedeutete auch, Reserven heranschaffen zu können. Smyth vermutete sogar, daß die Japaner Fallschirmtruppen am Westufer absetzen würden. Und obwohl man damit rechnete, mit ihnen schnell fertigzuwerden, war der weitere Rückzug gefährdet, wenn man nicht wenigstens den größten Teil von Menschen und Material herüberholen konnte. Man hatte zwar alle Fähren und Boote vernichtet, aber die Erfahrung lehrte, daß die Japaner sich in solchen Situationen zu helfen wußten. So befand sich Smyth in der Zwickmühle: Vor Einbruch der Dunkelheit konnte er es wegen der Tiefflieger nicht wagen, die Truppen aus dem Wald über die Brücke zu führen. Wartete er jedoch bis zur Dunkelheit,

Die Schwe-Dagon-Pagode, das älteste Kultbauwerk Burmas in Rangoon, bewacht von einem Chindit, jener Fabelfigur, die Löwe, Adler und vielleicht auch ein bißchen Hund zugleich ist

drohte zwar von den Fliegern keine Gefahr mehr, dafür fanden aber die Japaner Zeit, heranzukommen. Gleichzeitig reduzierte sich die Zeit für den Übergang, der bis zum ersten Tageslicht abgeschlossen sein mußte, denn dann kämen erneut die Flieger.

Auf Unterstützung von Rangoon konnte er nicht hoffen, weil die wenigen Flugzeuge dort benötigt wurden. Noch während Smyth seine Möglichkeiten erwog, überbrachte ihm ein Kradmelder aus Rangoon ein Dokument: Die 7. Panzerbrigade, eine der besten Panzereinheiten der britischen Armee, sei soeben dabei, im Hafen von Rangoon an Land zu gehen. Sie würde so schnell es ginge in Richtung Sittang-Brücke vorstoßen, um hier die Japaner abzuwehren und der 17. Division den Rückzug zu ermöglichen. Allerdings verzögere sich das Ausladen der Panzer, weil die mei-

14

sten burmesischen Hafenarbeiter vor den japanischen Luftangriffen geflohen seien.

Smyth verzog nur mißmutig das Gesicht und entließ den Melder. Versprechungen lösten nicht sein Problem. Er blickte zum Himmel. Die Dunkelheit kam schnell in den Tropen, ohne Dämmerung. Und die japanischen Flugzeuge würden jetzt nicht mehr angreifen, es sei denn, sie befänden sich schon in der Luft. Hol's der Teufel, dachte der Generalmajor, ich setze alles auf eine Karte!

Kurz entschlossen ließ er den Kradmelder zurückrufen. Als der Soldat vor ihm stand, befahl er ihm, über die Brücke zu fahren, Brigadier Hugh Jones zu suchen und ihm den Befehl zum sofortigen Abmarsch zu überbringen.

Eine Viertelstunde später rollten die ersten Kraftfahrzeuge über den holprigen Bretterbelag der Eisenbahnbrücke westwärts. Eines der ersten Fahrzeuge rollte ein Telefonkabel aus, das Smyth mit Hugh Jones verbinden sollte. Wie die anderen Kolonialtruppen war auch die 17. Division technisch miserabel ausgerüstet. Funkgeräte gab es kaum. Vieles war auf dem Rückweg verloren gegangen. Selbst Telefonkabel waren inzwischen knapp. Um die Verbindung wenigstens notdürftig zu sichern, hatte man entweder Kabel aus privaten Beständen requiriert oder einfach öffentliche Leitungen, die im Augenblick ohnehin nicht genutzt werden konnten, abgebaut.

Eric Tomlin ließ die von seinem Bruder erbettelte Verpflegung noch vor Einbruch der Dunkelheit an die Soldaten in den beiden Stellungen verteilen. Er selbst behielt eine Büchse Spam, ein Paket Keks, Zigaretten. Den Gin überließ er den anderen. Spam und Keks kauend, beobachtete er, wie sich die Schlange aus Fahrzeugen und Soldaten über die Brücke wälzte und schließlich in die Dunkelheit eintauchte: Lastwagen, Mulikarren, Kanonen, Munitionsfahrzeuge, dazwischen Träger mit Schwerverwundeten auf behelfsmäßi-

gen Tragen. Zwei Bambusstangen und eine Zeltplane mußten genügen.

Der Zug nahm kein Ende. Das Bild der Marschierenden
wurde beherrscht von den indischen Soldaten. Sie stammten
aus fast allen Kasten oder Volksgruppen dieses riesigen Landes. Sikhs und Rajputis, Assamesen und Pathanen, Punjabis
und Nagas. Nicht selten trugen sie Turbane, auf denen
manchmal noch flache Stahlhelme schaukelten. Zwischen
ihnen gab es vereinzelte Engländer, aber auch schon hier
und da schwarze Westafrikaner, die von anderen, ausschließlich aus Schwarzen bestehenden Einheiten zur 17.
Division gestoßen waren, nachdem ihre eigenen Truppenteile zerschlagen worden waren. Gelegentlich tappte ein
Chinese zwischen den ihn meist an Größe überragenden
Kameraden – ebenfalls versprengt von einer Truppe, die aus
Yünnan kam, der Südprovinz des von Japan seit Jahren bedrängten Reiches der Mitte. Man hatte seit jeher in den britischen Kolonialtruppen gewisse ethnische Besonderheiten
berücksichtigen müssen. So gab es bei Moslems und Hindus
große Probleme mit der Verpflegung, weil ihnen der Genuß
bestimmter Speisen aus religiösen Gründen untersagt war.
Das stellte die Militärküchen, besonders im Krieg, vor
schier unlösbare Probleme. Asiatische Soldaten aßen Reis,
die Westafrikaner bevorzugten Weizen – eine Unzahl von
Unterschieden war zu beachten, und das wurde schnell zur
Plage für die rückwärtigen Dienste. In diesem Licht gesehen, grenzte es fast an ein Wunder, daß die britische Kolo-
nialarmee sich nicht einfach unter dem Druck der Japaner
auflöste und jeder seiner Wege ging.

Der Grund für den Zusammenhalt mochte darin liegen,
daß sich Japan von Beginn des Krieges in der Mandschurei
an, später in Nanking und an anderen Orten in China als bru-
taler Aggressor gezeigt hatte, der seine Pläne zur Eroberung
Asiens mit dem Köder der sogenannten Großasiatischen
Wohlstandssphäre tarnte. Selbst politisch kaum gebildete

16

oder auch nur interessierte Soldaten der britischen Kolonial-
armee hatten das offenbar erkannt. Und die Brutalität, mit
der japanische Soldaten bereits in den ersten Tagen an der
thailändischen Grenze, in jenem langgestreckten Teil Burmas, den man Tenasserim nannte, vorgegangen waren, tat
ein übriges.

Gegen drei Uhr morgens setzte das japanische Feuer ein.
Granatwerfer und Geschütze. Und immer noch standen britische Truppen auf dem Ostufer. Sie mußten jetzt den Beschuß aushalten.

Gewehrfeuer mischte sich in das Gewummer der schweren Kaliber. Bald tobte an den Rändern des Brückenkopfes
ein erbitterter Kampf Mann gegen Mann. Doch die Japaner
störte das kaum. Rücksichtslos feuerten sie ihre Mörsergra-
naten in das Getümmel.

Tomlin duckte sich noch tiefer in das Schützenloch. Sie
machen es wie am Kawakareik-Paß, als alles anfing, dachte
er. Sie nutzen die Nacht. So wie sie die relativ günstige Jahreszeit für den Angriff genutzt haben, die Phase vor dem
Monsun, die zwar für ihre Hitze berüchtigt ist, in der aber
kaum Regen fällt. Wie es aussieht, wollen sie bis Mai, wenn
der Monsun wie eine alles erdrückende Hand über Burma
kommt, in Assams grünen Tälern sein. Daß ihr Stoß dahin
zielt, ist nicht zu übersehen.

Auf der Brücke flammte der weiße Lichtschein von Ma-
gnesiumfackeln auf. Ein Fahrzeug war umgekippt, versperr-
te die Weiterfahrt für die aus dem östlichen Kessel Nach-
drängenden. Kurzerhand stürzten es Pioniere in den Fluß.
Immer wieder kam es durch den japanischen Angriff zu
Stockungen. Fahrzeuge versanken im Fluß, mit ihnen Maul-
tiere, Geschütze und Verwundete.

Ein Maschinengewehr schoß in die Richtung, in der Tomlin lag. Er konnte das Mündungsfeuer sehen. Seine Rechnung, daß die Japaner auf dem Stückchen Ebene, das er beobachtete, Granatwerfer aufstellen würden, ging nicht auf.

Der Hafen von Rangoon. Überseeschiffe und Sampans, das übliche Bild, das asiatische Häfen bieten

Die Japaner hatten entgegen seiner Vermutung genau dort, wo er die Granatwerfer erwartet hatte, ein Maschinengewehr postiert.

Die Kerle halten sich aber auch an nichts, was wir gelernt haben, dachte er grimmig. Sie führen ihren eigenen Krieg – mit ihren sehr eigenwilligen Methoden.

Nach einer Weile bemerkte er im matten Sternenlicht zwei Gurkhas, die, ohne seinen Befehl abzuwarten, auf das Maschinengewehr zukrochen. Kurz darauf mischte sich in das Gewummer der japanischen Werfer und Grabengeschütze ein neuer Ton. Tomlin erkannte sofort, was sich tat. Das waren die leichten Feldgeschütze der eigenen Artillerieabteilung. An der Küste entlang waren sie bis auf Sichtweite an die Brücke herangekommen und griffen nun in das Gefecht ein. Sie schossen, ohne ihre Ziele genau ausmachen zu können. Zahlreiche Granaten schlugen zwischen den eigenen Verteidigern ein. Aber das Feuer hatte zumindest den Erfolg, den japanischen Angriff vorerst zu stoppen.

Die Japaner standen jetzt ebenfalls vor einer schwierigen

Entscheidung. Einerseits wollten sie so schnell wie möglich über den Sittang, auf Rangoon zu. Also mußten sie einer von den Engländern sicher vorbereiteten Sprengung der Brücke zuvorkommen. Solange aber noch britische Truppen am Ostufer standen, würden die Engländer nicht sprengen. Zerschlug man diese Truppenansammlung, sprengten die Engländer. Zerschlug man sie nicht, sammelten sich diese Kräfte am Westufer und würden erbitterten Widerstand leisten. Was auch geschehen würde, der eigene Vorstoß geriete ins Stocken. Der Kommandeur der 33. Japanischen Infanteriedivision war unschlüssig.

Japans Angriff auf Burma galt nicht ausschließlich diesem Land selbst mit seiner Nahrungsmittelwirtschaft, seinen Ölvorkommen, die man so nötig brauchte, seinem Zinn und Zink, Blei, Kupfer und Wolfram. Er galt der Burma-Straße, jenem strategischen Verkehrsweg, der von Rangoon über Mandalay und Lashio nordwärts nach China führte, und auf dem der Erzgegner von den Alliierten mit Kriegsmaterial versorgt wurde. Er richtete sich ebenso auf das Fernziel Indien. Dort gab es, wie man in Japan sehr wohl wußte, eine starke antibritische Bewegung unter dem Nationalisten Subhas Chandra Bose. Man wollte diese Bewegung gewissermaßen umfassend lostreten, um im Schatten der zu erwartenden inneren Kämpfe den Engländern das Land zu entreißen. Deshalb erfolgte der Stoß der südlichsten japanischen Gruppierung auf Rangoon und der der 55. Division auf Mandalay. Die 56. Division stieß nordwärts vor, mit dem Ziel, Lashio zu besetzen, die wichtige Umschlagstation an der Burma-Straße. Von hier aus würde der Stoß in den »weichen Unterleib« Chinas erfolgen können, in die Provinz Yünnan hinein. Man würde für die Chinesen die Kriegführung durch die Eröffnung dieser zweiten Front erheblich erschweren. Ein Teil des Stoßes der Nordgruppierung sollte über Mogaung und Myitkyina, die letzten beiden Stationen der Nord-Süd-Eisenbahnlinie, bis ins Quellgebiet des Chindwin-Flusses gehen. Dann würde nur noch eine letzte Gebirgskette die Japaner vom fruchtbaren Tal des Brahmaputra trennen.

Brigadier Hugh Jones ließ kurz nach vier Uhr morgens den am Westufer kommandierenden General Smyth ans Telefon rufen.

»Sir, ich melde höchste Gefahr. Wie lange ich den Brückenkopf noch halten kann, ist unsicher. Die Verluste sind beträchtlich. Die Japaner sind an Zahl und Material absolut überlegen. Zu meinen Abwehrstellungen habe ich keine Verbindung mehr.«

Smyth war sich bewußt, daß in etwa einer Stunde der Morgen heraufziehen würde und mit ihm die japanischen Flieger kämen. Von den aus Rangoon angekündigten Panzern war noch immer nichts zu hören. Wenn die Japaner Hugh Jones' Verteidigung aufrollten, konnten sie wenig später auf der Brücke zwischen den eigenen Truppen sein, und dann könnte niemand die Sprengung mehr verantworten. Nach reiflichem Überlegen entschied er, die Resttruppen vom Ostufer noch während der Dunkelheit entsprechend der Devise: »Rette sich wer kann« über den Fluß schwimmen zu lassen. Die Artillerie mußte man schweren Herzens aufgeben. »Stoppen Sie den Zugang zur Brücke«, befahl er Hugh Jones. »Wir sprengen in zwanzig Minuten. Sie nehmen mit dem Rest der Männer den Weg durch den Fluß.«

Das war ein folgenschwerer Befehl, wenngleich in diesem Augenblick kaum eine andere Wahl blieb. Das wußte auch Hugh Jones. Schweren Herzens gab er den Befehl, alles noch im Brückenkopf befindliche Gerät zu sprengen oder untauglich zu machen. Auch die Artillerieabteilung wurde entsprechend informiert. Danach sollte jeder so gut es ging seine Haut retten.

Eric Tomlin sah dort, wo das MG geschossen hatte, den Lichtschein einer Explosion. Wenig später waren die beiden Gurkhas wieder bei ihm. Sie hatten das japanische MG mit einer einzigen, aus nächster Nähe geworfenen Handgranate außer Gefecht gesetzt. Einer zeigte Tomlin lachend einen riesigen Revolver, den er dem toten MG-Schützen abgenommen hatte.

Ein Melder brachte von Hugh Jones den Befehl zum Rückzug. Tomlin hatte längst erkannt, daß er hier auf verlorenem Posten stand.

»Nehmt euch ein paar Bambusstangen mit«, riet er seinen Leuten, »die halten euch über Wasser. Klemmt euch unter jede Achsel eine, und dann mit den Füßen strampeln. So kommt ihr vorwärts.«

Als die Sprengung in der Mitte der Brücke ein großes Loch riß, sprang Tomlin auf und rannte zum Fluß. Doch dort, wo der Bruder ihm das Boot gezeigt hatte, gab es nur noch Granattrichter. Aus. Der Lance Corporal Eric Tomlin hockte sich einen Augenblick hin und überlegte, während sich mehrere Kameraden bei ihm sammelten. Jetzt noch ein Floß aus Bambus zimmern? Zu spät. Selbst um ein paar Stämme zu schlagen blieb keine Zeit mehr. Die ersten Japaner drängten bereits in die von seinen Männern verlassenen Schützenlöcher.

Entschlossen riß er das Schloß aus seinem Gewehr und warf beides ins Wasser. Dann zog er die Uniform aus, auch Schuhe und Unterhemd, und watete lediglich mit der Turnhose bekleidet in den Fluß. Seine Männer folgten seinem Beispiel.

Schon nach wenigen Schritten merkte er, daß der sumpfige Boden unter seinen Füßen nachgab. Er warf sich der Länge nach ins Wasser und begann zu schwimmen. Die anderen versuchten es ebenfalls. Aber Schwimmen hatte in der britischen Armee nicht zur Ausbildung gehört. Und so paddelten viele der Soldaten eine Weile hilflos herum, verbrauchten ihre letzten Kräfte und versanken schließlich in dem tiefer werdenden Strom.

Von den indischen Soldaten, auch von den Gurkhas, schaffte es kaum einer. Als Eric Tomlin nach einer Zeit, die ihm wie eine Ewigkeit schien, endlich am Westufer Boden unter die Füße bekam, sich an Land schleppte und einen Blick zurück warf, sah er nur noch einige wenige Köpfe von Schwimmenden. Erschöpft schloß er die Augen.

Eric Tomlin erwachte, als Sanitäter, die das Ufer nach Verwundeten und Toten absuchten, ihn umdrehten. Als sie merkten, daß er noch lebte, luden sie ihn auf eine Trage und brachten ihn zu einen Sanitätszelt.

Die japanische Artillerie beschoß inzwischen das Westufer und verursachte erhebliche Verluste. Zeros stießen mit knatternden Bordwaffen aus dem Morgenhimmel herab. Die noch verwendungsfähige Ausrüstung wurde zusammengetragen und verladen. Zu Fuß oder auf Fahrzeugen machten sich die Überlebenden in kleinen Kolonnen auf den Weg in Richtung Rangoon.

Die 17. Division war noch etwa dreitausend Mann stark, einschließlich aller Verwundeten und Erschöpften. Nur für die Hälfte gab es Gewehre. Etwas über hundert Offiziere hatten den Angriff überlebt. Trotzdem wurden die Japaner an der Sittang-Brücke zwei Wochen lang aufgehalten. Erst dann konnten sie ihren Vorstoß weiterführen. In der Zwischenzeit konnten die britischen Behörden in Rangoon die Soldaten nicht nur neu ausrüsten, einkleiden und umgruppieren, sondern auch wichtige Teile der Hafenausrüstung, die trotz der erbarmungslosen Luftangriffe der Japaner noch intakt waren, demontieren und nach Indien verfrachten oder zerstören.

Außerdem konnte das Hauptquartier alle noch im Hinterland stehenden britischen Truppenteile umgruppieren, die Gefechtserfahrungen auswerten und eine wirksame Abwehrstrategie auf Basis der ersten Gefechtserkenntnisse ausarbeiten. Das war ein Gewinn, selbst wenn man in Rechnung stellt, daß die britischen Verluste vom ersten Angriffstag bis zum Sittang-Übergang doppelt so hoch waren wie die der Japaner. Auch die psychischen Auswirkungen der katastrophalen Erlebnisse in den letzten Tagen konnten einigermaßen gemildert werden, wenngleich die Erkenntnis blieb, daß Englands stolze Armee nach Malaya nun einmal mehr geschlagen worden war.

Von Rangoon aus wurden die kampffähigen Einheiten weiter nordwärts verlegt und zum größten Teil der 1. Burma-Division von Generalmajor Bruce Scott unterstellt. Auch Eric Tomlin gehörte zu denen, die nach dem Norden kommen sollten. Ein paar Tage und Nächte Schlaf hatten seine Lebensgeister wieder geweckt. Nur an den Füßen trug er dicke Verbände, denn die offenen Blasen hatten sich entzündet und eiterten.

Als ihn die Sanitäter zu einem Lastwagen trugen, sah er eine Bestattungskolonne, die ein Massengrab aushob. Die Toten lagen in einer Reihe. Posten beobachteten den Himmel, denn jede Minute konnten japanische Flugzeuge auftauchen. Eric Tomlin dachte an seine Inder und Gurkhas, als man ihn an der Reihe der mit Zweigen bedeckten Toten vorbeitrug, und er legte instinktiv die Hand an die Stirn, dorthin, wo sonst der Mützenschirm war. Er erfuhr erst viel später, daß in dieser Reihe von Gefallenen auch sein Bruder gelegen hatte, Major Philipp Tomlin. Ein Granatsplitter hatte ihm den Schädel gespalten.

Rangoon gefallen

Geografen haben Burma zuweilen mit einer nach unten gerichteten Hand verglichen, deren Zeigefinger in den Süden weist. An der Wurzel dieses Zeigefingers liegt die Hauptstadt Rangoon mit weit über einer Million registrierter Einwohner, wie eine Volkzählung kurz vor Beginn des Zweiten Weltkrieges ergeben hatte.

Damals ragte die goldene Schwe-Dagon-Pagode, eine der bekanntesten buddhistischen Wallfahrtsstätten, majestätisch über einem Meer meist niedriger Häuser und einem Gewirr von engen Straßen empor. Überall wurde mit Landesprodukten gehandelt, kleine Handwerksbetriebe blühten, Märkte lockten. Die größeren Unternehmen gehörten Engländern. Man lebte nicht üppig in Burma, aber man hoffte Jahr für Jahr auf bessere Zeiten. Vom Hafen, am östlichen Mündungsarm des Irawadi, gelangten die Schiffe in den Golf von Martapan und in den Indischen Ozean.

Bis zur zweiten Hälfte des 19. Jahrhunderts regierten verschiedene Königshäuser mehr schlecht als recht das Land. Sie befehdeten sich nicht nur gegenseitig, sondern hatten auch mit heftigem Widerstand der ethnischen Minderheiten zu tun. Shan, Karen, Kachin, Mon, Arakaner und andere erhoben sich immer wieder gegen jeden Versuch, sie in einen festgefügten Staatsverband einzubinden.

Für die Europäer, und vor allem für die Kauffahrer, waren Burmas Schätze verlockend: Gold, Zinn, Edelsteine, Elfenbein, Lackwaren, aber auch tropische Früchte und Gewürze, gab es im Überfluß. Einer der Profiteure, der Portugiese De

Brito, hatte unter Ausnutzung von Stammesfehden sogar schon 1610 unweit von Rangoon eine feste Bastion errichten können, wurde allerdings drei Jahre später getötet. Nein, ein fremdenfreundliches Land war Burma nicht. In Kreisen der sogenannten Entdecker sprach sich rasch herum, daß sich Burma lediglich für einen gewissen Küstenhandel eigne, denn selbst die herrschenden Dynastien zeigten sich Ausländern gegenüber wenig aufgeschlossen.

Erst der Britischen Ostindien-Kompanie gelang es schließlich, die in Indien bereits fest verankerte Kolonialmacht England zu drei Feldzügen zu bewegen, in deren Ergebnis Burma gegen Ende des 19. Jahrhunderts dem britischen Kolonialreich einverleibt wurde. Da sich der Widerstand jedoch nicht überall brechen ließ, blieben weite Gebiete, vor allem in den unzugänglichen Gebirgsregionen, ausgespart. Im Verlaufe der Kämpfe, die sich gegen Englands Bestrebungen richteten, das Land völlig zu unterwerfen, entstand die Bewegung der »Thakin« (Herr). Die Bewegung gab sich diesen Namen, um unüberhörbar anzuzeigen, wer nach ihrer Meinung die wirklichen Herren Burmas waren. Unter den Initiatoren dieser Bewegung trat besonders Aung San hervor, der später, als die Japaner das Land besetzten, eine Burmesische Nationalarmee begründete, die den Okkupanten viel zu schaffen machte. Er wurde kurz nach Ende des Zweiten Weltkrieges getötet. Seine Tochter erhielt viele Jahre später den Friedens-Nobelpreis.

Als die Japaner die Eroberung Burmas planten, mußten sie nicht nur die schwierigen geografischen Bedingungen berücksichtigen, sondern auch mit Widerstand der Bevölkerung rechnen.

Burma lag wie eine mehrfach gestaffelte Barriere vor ihrem Fernziel Indien. Das Land bestand aus hohen Bergketten und dazwischen liegenden fruchtbaren Ebenen, nicht selten in Flußtälern. Es gab riesige Monsunwälder, und das Klima war mörderisch. Bergketten und Flüsse hatten für Er-

Mulis trugen schwere Lasten auf schmalen Pfaden durch den burmesischen Dschungel. Die Packtiere bewährten sich auf dem Rückzug aus Burma nach Indien ebenso wie später bei der Wiedereroberung. Selbst in Lastenseglern wurden sie ins Kampfgebiet eingeflogen

oberer, die von Ost oder West kamen, eine ärgerliche Gemeinsamkeit: Sie verliefen ausnahmslos von Norden nach Süden und bildeten so natürliche Sperriegel. Selbst die Hauptverkehrsadern – eine von Rangoon bis Myitkyina führende Eisenbahnlinie sowie die wenigen Straßen – verliefen in Nord-Süd-Richtung. Wegen dieser geografischen Bedingungen spielten der Hafen von Rangoon ebenso wie die von dort ins Landesinnere führenden Verkehrswege für Japans Kriegsplanung eine entscheidende Rolle.

Am 23. Dezember 1943 stiegen von Flugplätzen in Thailand achtzig japanische Bomber auf, flogen Rangoon an und verwüsteten große Teile der Stadt und des Hafens. Der Angriff forderte zweitausend Todesopfer unter der Zivilbevölkerung. Der Sachschaden im Hafen, davon war der britische Gouverneur Sir Reginald Dorman-Smith überzeugt, würde sich relativ schnell wieder beseitigen lassen. Größere Sorgen bereitete der Umstand, daß aus Angst vor weiteren Angriffen mehr als hunderttausend Einwohner, unter ihnen die meisten Arbeiter und Angestellten des Hafens und der Verkehrsbetriebe, nordwärts ins Land flüchteten. Der zweite große japanische Luftangriff am Weihnachtsabend tötete zwar weniger Menschen, aber er verursachte an den Docks, in Eisenbahndepots und in anderen technischen Einrichtungen Schäden, die sich nur noch schwer beheben ließen, weil die Arbeitskräfte fehlten.

Die Royal Air Force verfügte um diese Zeit noch über eine Staffel älterer Jagdflugzeuge vom Typ »Buffalo«, einige »Hurricanes« und »Blenheims«, die zusammen mit den Resten des früher in China eingesetzten privaten Geschwa-

Der britische Feldmarschall Sir Archibald Percival Wavell kommandierte in der alten Kommandostruktur während des katastrophalen Rückzuges der britischen Truppen aus Burma die Einheiten aus weiter Entfernung. Hier ist er bei einer Konferenz in seinem indischen Hauptquartier zusammen mit Stilwell (rechts neben ihm) zu sehen. Mit der Ablösung Wavells und der Einsetzung des dynamischen Mountbatten trat eine entscheidende Wende im Kommandogefüge ein, und die Erfolge blieben nicht aus

ders von General Chennault, das inzwischen offiziell an der Seite der USA kämpfte, in der Nähe von Rangoon stationiert waren. Lediglich die P-40-Maschinen des Generals waren den Japanern einigermaßen gewachsen. Sie schossen insgesamt 52 Mitsubishi-Bomber ab, und zunächst sah es so aus, als sei Rangoon vorerst außer Gefahr, denn die Japaner flogen fast einen Monat lang keine Angriffe mehr.

Dafür drangen sie auf dem »ausgestreckten Zeigefinger«, dem sogenannten Tenasserim-Streifen, nordwärts vor. Zuerst mit kleineren Kommandos, aber bald mit immer größeren Kontingenten und schweren Waffen, um alle Verkehrswege, die von Rangoon nordwärts führten, abzuschneiden. Eine britische Stellung nach der anderen wurde überrannt. Bald war Martapan, etwa 100 Kilometer Luftlinie von Rangoon entfernt, eingenommen. Der Vorstoß zielte auf den Sittang, die letzte große Naturbarriere vor der burmesischen Hauptstadt.

Als Lance Corporal Eric Tomlin, seine Füße waren einigermaßen geheilt, am Nordrand von Rangoon ankam, wurde er in eine Marschkolonne eingegliedert, die nach Norden aufbrach. Am Oberlauf des Sittang sollte sie das weitere Vordringen der Japaner stören.

Um diese Zeit muß Mister Dorman-Smith, der britische Gouverneur in Burma, ein Kolonialbeamter alter Schule, eiligst in den Bunker des kommandierenden Generals Alexander flüchten, weil erneut japanische Flugzeuge am Himmel erscheinen und seine Residenz bombardieren.

Alexander, der nur noch auf die Erlaubnis von General Wavell, dem Commander-in-Chief für Indien, wartet, die unhaltbar gewordene Hauptstadt verlassen zu können, richtet dem Gouverneur eine bescheidene Liegestatt in seinem Bunker ein und läßt Tee von der Ordonnanz bringen, um wenigstens den Anschein noch vorhandener zivilisierter britischer Sitten zu erwecken. Die Tassen auf den Oberschenkeln balancierend, sitzen sich die beiden Männer gegenüber. Von

28

draußen dringen die Geräusche des Krieges herein – Bombendetonationen, Flugzeuglärm, Flak-Geknatter.

»Wir sind am Ende«, stöhnt Dorman-Smith. Er schwitzt; seine gewohnte Klimaanlage fehlt ihm, und mit seiner Gesundheit steht es nicht mehr so gut. Die Jahre in den Tropen fordern Tribut. Alexander, ein altgedienter, selbstsicherer, zuweilen überheblich auftretender Kolonialoffizier, hat die Ruhe noch nicht verloren. Er stöbert ein paar Kekse auf, bietet Zigaretten an, und es gelingt ihm, Dorman-Smith etwas aufzurichten.

»Rangoon müssen wir räumen, sobald die Japaner anrücken«, erklärt er dem Gouverneur. »Wahrscheinlich räumen wir ganz Burma, nach und nach. Ich rechne damit, daß wir uns nach Indien zurückziehen werden. Umgruppieren. Zunächst müssen wir Indien gegen den japanischen Zugriff verteidigen, unsere Truppen verstärken, um dann Burma eines Tages zurückerobern zu können.« Alexander ist Realist, er hält nichts von Phrasen.

»Kann denn nichts die Kerle stoppen?« Dorman-Smith ist ratlos.

Alexander, der in dieser Situation wenigstens einen Teil seiner sonstigen Überheblichkeit behalten hat, tröstet ihn: »Wir waren auf den Schlag nicht vorbereitet. Ebenso wie in Malaya. Mit Singapore als Flottenbasis hat Rangoon sozusagen seine Logistik verloren, denn die japanische Flotte kontrolliert den östlichen Teil des Indischen Ozeans. Dazu kommt, daß die Japaner nach dem Ende des Feldzuges in Malaya erhebliche Truppen zur Verfügung haben, die sie in Burma einsetzen können. Deshalb ist Rückzug eine vernünftige Maßnahme, keine Flucht. Man braucht keine bösen Gefühle dabei zu haben. Schließlich sind wir hier isoliert. Wir haben keine brauchbare Landverbindung mit unseren Basen in Indien. Wenn wir den Japanern das Vordringen so schwer wie möglich machen, uns aber trotzdem systematisch bis zu unseren logistischen Zentren in Indien zurückziehen, ist das die beste Lösung. Im übrigen warten wir ab, wie schnell sich die Japaner in Burma totlaufen.«

Er spricht das aus, was man in führenden britischen Militärkreisen in Indien ebenfalls denkt, obwohl Winston Churchill, der verbissen um jeden Zentimeter Empire kämpfende Kriegspremier, erklärt hat, der Verlust Burmas würde den Verlust Indiens bedeuten. Die Generalität an Ort und Stelle ist da anderer Meinung.

Ein Melder bringt Alexander den Spruch, auf den er gewartet hat. Er liest ihn und gibt ihn an Dorman-Smith weiter. Dann ruft er einen Stabsoffizier und erklärt ihm, daß die vorgesehenen Maßnahmen sofort anzulaufen hätten. Das heißt, Kommandos sprengen die Ölraffinerien, vernichten Material- und Munitionslager, zerstören alle noch intakten Hafenanlagen. Das Oberkommando, so lautet der Spruch an Alexander, ordnet den Rückzug an. Dorman-Smith legt entnervt das Papier beiseite.

Wenig später setzt Alexander den Gouverneur in einen Morris, der nordwärts fährt, auf der augenblicklich noch sicher scheinenden Straße nach Prome. Alexander selbst wird ihm einige Stunden später folgen.

Es ist der 6. März 1942. Teile der japanischen Flotte, zu denen auch Truppentransporter gehören, liegen vor Rangoon. Einige der Inseln in der Hafeneinfahrt sind schon von Japanern besetzt. Nun gibt Atamaru, der Kommandeur der japanischen Kampfgruppe, ein noch nicht sehr alter, schneidiger General, der sich auf der Brücke eines Kreuzers aufhält und unablässig die Küste durch sein Glas beobachtet, den Befehl, mit der Beschießung zu beginnen.

Als die ersten Granaten der Schiffsgeschütze in Rangoon einschlagen, leichte Holzbauten zerfetzen und Menschen in jede nur denkbare Deckung treiben, ist das britische Militär bereits aus der Stadt abgezogen. Lediglich britische Sprengkommandos schleichen durch die Straßen, in denen kaum Einwohner zu sehen sind. Sie verminen alle Einrichtungen, die laut Befehl Alexanders den Japanern nicht intakt in die Hände fallen dürfen.

Die Nacht ist unruhig. Von See her schieben sich immer mehr japanische Schiffseinheiten heran, und es gibt keine nennenswerte Küstenartillerie, um sie zu bekämpfen. Der Kommandeur der japanischen Kampfgruppe läßt die Stadt sicherheitshalber noch den ganzen Vormittag beschießen. Gegen Mittag, als er gerade in der Offiziersmesse des Kreuzers ein Nudelgericht verspeist, ab und zu ärgerlich innehaltend, weil das Schiff unter den Abschüssen rollt wie in schwerer See, erscheint ein Adjutant und bittet ihn dringend zur Brücke.

Östlich der Stadt, das kann er deutlich erkennen, in Syriam, wo sich dereinst der Portugiese De Brito zum ersten Kolonialherrn der Stadt gemacht hatte, wabert eine dicke, schwarze Qualmwolke in den Himmel. In Syriam liegen, das weiß der Japaner, die Ölraffinerien der Burma Oil Company. Japans Armee hätte den kostbaren Stoff gut für ihre weitere Kriegführung brauchen können – jetzt hat der Gegner ihn vernichtet.

Zugleich gibt es in der Stadt selbst zahlreiche Explosionen. Die von den britischen Kommandos verminten Gebäude der Kolonialverwaltung, Postämter und Bahnanlagen, das Elektrizitätswerk sowie eine Anzahl größerer Industriebetriebe fliegen in die Luft.

»Angriff!« Der Japaner schreit es wütend seinen Stabsoffizieren zu, ohne das Glas abzusetzen.

Auf den Transportern schrillen die Klingeln. Boote, Flöße, Pontons werden zu Wasser gelassen. Binnen einer halben Stunde wimmelt der Hafen von diesen Fahrzeugen, in denen die khakifarben gekleideten Soldaten des Tenno hocken. Sie machen einen martialischen Eindruck mit ihren hohen Stahlhelmen mit dem ledernen Nackenschutz. Die aufgepflanzten Bajonette lassen die ohnehin unverhältnismäßig langen Gewehre noch drohender erscheinen. Auf

Rückzug durch Dschungel
und Gebirge.
1942, in den ersten Monaten
des japanischen Überfalls,
schien die britische Armee in
Burma besiegt zu sein

Ein General auf dem Rückzug.
Den Karabiner über der
Schulter, marschierte Joseph
W. Stilwell an der Spitze
seiner Soldaten

Pontons schwimmen kleine Geschütze und Granatwerfer, Munition und schweres Gerät auf die Küste zu. Flöße tauchen unter dem Gewicht der Granatbehälter tief ins Wasser. Die ersten Soldaten stürmen den Hafen, während in der Stadt noch die letzten Detonationen grollen. Unaufhaltsam, aber auch von niemandem sonderlich begrüßt, rennen die Soldaten in die Stadt hinein, schießen wahllos um sich, auf Menschen, Hunde, Pagodendächer, in die Augen der Chindits, jener seltsamen Fabelwesen vor den Tempeln, deren Aussehen an eine Kreuzung von Adler und Löwe denken läßt.

In Rangoon gab es keinen Widerstand mehr. Englands Truppen waren abgezogen. Von den Einheimischen kam niemand auf die Idee, den Eroberern etwa mit einer weißen Fahne entgegenzugehen. Die Menschen warteten, bis sich nach Tagen die Schießerei legte, und Anschläge an den Hauswänden verkündeten, wie man sich unter der Herrschaft des Tenno künftig zu verhalten habe.

Die an Land gesetzten Truppen hielten sich in der feindfreien Stadt nicht lange auf. Die Beutesicherung würden andere übernehmen, die später kämen. Die Kampftruppen umgingen die teils brennenden Bezirke und begannen den Vormarsch in Richtung Norden. An Rangoon vorbei drangen japanische Verbände zunächst auf Prome vor, eine relativ kleine Stadt, hinter der eines der bedeutendsten Erdölgebiete der Region lag. Von dort bis Yenangyaung, einer weiteren kleinen Stadt, waren es knapp zweihundert Kilometer, und etwa in der Mitte dieser Strecke förderten einige tausend Bohrtürme den Schatz zutage, der für die Japaner, die chronisch unter Treibstoffmangel litten, so verlockend war. Dorthin zielte der erste Stoß der in Rangoon angelandeten Truppen. Bald stießen auch noch Teile jener Verbände zu ihnen, die, aus Tenasserim kommend, über den Sittang gesetzt waren und deren Hauptmacht weiter nordwärts vorstieß, auf die Stadt Toungoo zu, in Richtung Mandalay und Lashio, wo die Burma-Straße auf die chinesische Grenze zustrebte.

Diese östliche Gruppe der Angreifer sollte den Weg nach China kappen und die Versorgung für Tschiang Kai-shek unterbrechen, während die westliche Gruppe, die von Rangoon aus vorstieß, den Weg nach Indien für die zurückweichenden Engländer zu blockieren hatte. Nicht nur aus Burma vertrieben werden sollten die Engländer – Japans Soldaten wollten sie auch so weit wie möglich dezimieren, denn Tote könnten Indien nicht mehr verteidigen. So die simple wie einleuchtende Losung, nach der die Angreifer vorgingen.

Lance Corporal Eric Tomlin indessen dachte nicht direkt an Rückzug, obwohl er skeptisch war im Hinblick auf das, was man den energisch vordrängenden Japanern noch entgegenzusetzen hatte. Vier Divisionen und zwei Panzerregimenter sollten die Angreifer in Burma bereits an Land gebracht haben. Niemand war sicher, ob das Gerücht stimmte, aber man empfand da, wo die Japaner angriffen, den ungeheuren Druck, die Überlegenheit ihrer Artillerie, die Zähigkeit ihrer im China-Feldzug kampferprobten Soldaten.

Prome war für Tomlin und seine Kameraden eine herbe Enttäuschung. Ein Ort, der wie ein einziges großes Quartier für Erdölarbeiter wirkte. Zudem ziemlich entvölkert, denn die meisten Leute hatten sich vor den Japanern zurückgezogen. Obwohl sie die Engländer nicht gerade liebten und obwohl sich das Gefühl, von ihnen ausgebeutet zu werden, in der letzten Zeit unter dem Einfluß einer intensiveren antibritischen Agitation verstärkt hatte, war man nicht daran interessiert, den einen Herren gegen einen anderen auszutauschen. Und daß Japan nicht die Freiheit brachte, wie hin und wieder zu hören war und einige Naive auch glaubten, wußte man. Dem Sieger ging es um die Herrschaft in Asien, um Bodenschätze, fruchtbares Land, um Stützpunkte.

Eric Tomlin kroch an jenem Nachmittag, an dem die Japaner in Rangoon einzogen, von einem Schützenloch zum anderen, um nachzusehen, ob seine Soldaten die Auffangstellung auf halber Höhe eines dicht bewachsenen Abhanges so ausgebaut hatten, wie er es befohlen hatte.

Einige seiner erfahrenen Mitkämpfer fühlten sich in solchen Schützenlöchern, die sich bei jedem Regenschauer schnell mit Wasser füllten, überhaupt nicht wohl. Besonders die Gurkhas als reine Angriffssoldaten fühlten sich darin eingesperrt. Man konnte sie in stockdunkler Nacht, nur mit einem Kukri, dem gekrümmten, haarscharf geschliffenen Messer bewaffnet, in eine feindliche Stellung schicken, und sie töteten dort ein Dutzend Gegner. Sobald man sie aber in ein Loch zwang, das sie nicht verlassen konnten, wurden sie mürrisch und manchmal sogar aufsässig. Verteidigung war eben nicht ihr Element.

Nugung war einer von ihnen. Solange Tomlin Soldat war, kannte er den kleinen Kerl mit der Zahnlücke. Bei einer Schlägerei in Indien hatte er einen Schneidezahn verloren. Nugung aß auch in guten Zeiten nicht jeden Tag etwas, er rauchte groben Tabak in einer krummen Pfeife, und in der Nacht wachte er aus tiefstem Schlaf auf, sobald sich im Umkreis von hundert Metern etwas bewegte.

»Deinen Instinkt und den Sold vom Divisionskommandeur möchte ich haben«, hatte Tomlin ihm so manches Mal eingestanden, wenn Nugungs wacher Sinn sie vor Schwierigkeiten bewahrt hatte. Der Krieger aus dem nepalesischen Hochland hatte keine Familie mehr. Er träumte davon, mit seiner Abfindung vom Militär nach dem Krieg ins heimatliche Gebirge zurückzugehen, sich eine junge Frau zu suchen und fortan nur noch zu faulenzen, während seine Frau auf einem kleinen Feld das anbaute, was die beiden zum Leben brauchten. Vielleicht, so äußerte er sich manchmal, wären da ja auch ein paar Kinder.

Als Tomlin Nugungs Schützenloch erreichte, sah er, daß

der Gurkha unverwandt auf einen Waldrand am Fuße des Hangs starrte, in östlicher Richtung. Und genau aus dieser Richtung mußte man mit den Japanern rechnen, wenn sie vom umkämpften Prome her herankommen würden.

»Ist da was?« erkundigte sich Tomlin leise. Er war mit Nugungs Deckungsloch zufrieden, es machte sogar einen aufgeräumten Eindruck, die Munition war sauber gestapelt. Soviel Ordnung war in dieser zusammengewürfelten Truppe, dem aus den Resten der 17. Indischen Infanteriedivision und der 1. Burma-Division neu aufgestellten 14. Armeekorps unter Generalleutnant Slim, eigentlich nicht üblich. Aber das war wohl bei allen zusammengewürfelten Verbänden so.

»Da ist was«, antwortete der Gurkha einsilbig. Erst nach einer Weile wandte er den Blick vom Waldrand ab. »Hätten wir Minen, könnten wir das Stück Grasland hinter dem Waldstreifen totlegen.«

»Wir haben aber keine Minen«, stellte Tomlin fest.

Er bot dem Gurkha eine »Woodbine« an, aber der lehnte die Zigarette wie immer ab. Nugung quetschte lieber eine Portion Krümeltabak, den er lose in der Hosentasche trug, in seine Pfeife und rauchte, ab und zu hustend, das Kraut, das selbst die minderwertige »Woodbine« noch an Gestank übertraf. Schließlich sagte er: »Und weil wir keine Minen haben, werden die Japaner auf dem Grasland, das wir nicht einsehen können, ihre Granatwerfer aufstellen. Sie haben freie Sicht auf unseren Hang und können uns in aller Ruhe beharken.«

Tomlin wußte, daß der Gurkha mit dieser Feststellung recht hatte, aber es lag nicht in seiner Macht, etwas zu ändern. Wie es hieß, war ihre Stellung Teil einer mehr oder weniger zusammenhängenden Verteidigung, die bis Toungoo, mindestens hundert Kilometer weiter östlich, verlief. Und hier sollten nicht nur die im Norden beginnenden Ölfelder verteidigt werden. Man wollte den Japanern auch den

Weg nach Westen verlegen. Ob sie ihn allerdings genau hier nehmen würden?

Tomlin hegte starke Zweifel, ob die Japaner nicht, sobald sie auf ernsthaften Widerstand stießen, wie er hier organisiert war, ausweichen und zu einer Umfassung ansetzen würden.

Er erläuterte dem Gurkha seine Meinung. »Die sind ausgeruht, haben erst einige Tage Kampf hinter sich, ihre Logistik funktioniert, und mit Waffen und Gerät sind sie im Gegensatz zu uns blendend versehen.«

Nugung nuckelte bedächtig an seiner Pfeife. Nach einer längeren Pause sagte er träge: »Warten wir. Vielleicht sind sie ja dumm und verfehlen die Chance.«

»Wenn sie es nicht sind, werden wir die Hölle in kleinen Scheiben abkriegen«, sagte Tomlin säuerlich voraus.

Die Japaner waren in ihrem Vorgehen klüger, als es Tomlin, Nugung und überhaupt den britischen Soldaten lieb sein konnte.

Eine Woche nach der Einnahme von Rangoon eroberten sie erst einmal Pegu an der nordwärts gerichteten Hauptverkehrsstraße nach Mandalay. Dieser mehr oder weniger gut ausgebaute Fahrweg, eine alte Kolonialstraße, führte von Mandalay nach Lashio, über die chinesische Grenze und durch die chinesische Provinz Yünnan nach Kunming. Die sogenannte Burma-Straße war die wichtigste Versorgungsader für die Truppen, die unter Tschiang Kai-shek in Südchina mit amerikanischer Hilfe das weitere Vordringen der Japaner in den Süden Chinas verhinderten. Jetzt war sie durch den überraschenden Vorstoß der Japaner von Burma her, gewissermaßen an ihrer Wurzel, bedroht. Rangoon, der Ausgangspunkt, war bereits gefallen. Kein Schiff konnte dort noch Güter für Tschiang Kai-shek entladen. Und auf dem südlichsten Teil der Straße rollten bereits kleine japanische Panzer, Artillerie und Radfahrerkolonnen nordwärts nach

Kalewa – eine der hart umkämpften Ortschaften am Chindwin

Mandalay. Danach würde das Ziel dann Lashio heißen, die letzte Bastion vor der chinesischen Südgrenze. Von dort aus konnte man Yünnan, und damit ganz Südchina in eine gefährliche Zange nehmen.

Aber der Vorstoß auf der Straße nach Mandalay hatte für die Japaner noch eine weitere Bedeutung. Zwischen dieser Straße und dem westlichen Vorstoß, der von Rangoon über Prome zu den Ölfeldern von Yenangyaung und immer weiter, am Irawadi entlang, zum Oberlauf des Chindwin zielte, in unmittelbarer Nähe der Grenze zu Indien, standen in einem langgezogenen Schlauch fast alle in Burma kämpfenden britischen Truppen. Gelang es, ihre Mobilität lahmzulegen, konnte man sie in der Einschließung aufreiben. Das wiederum dürfte nach Ansicht der Japaner nicht allzu schwer sein – zwischen den Zangenarmen lagen etwa zweihundert Kilometer so gut wie undurchdringlicher Dschungel. Und die japanischen Soldaten waren für den Kampf im Dschungel lange und gut trainiert worden. Den Rest sollte die Luftwaffe besorgen. Japans Flieger waren dem, was die Engländer ihnen noch entgegensetzen konnten, haushoch überlegen.

General Slim, der Kommandeur des 14. Armeekorps, der mit seinen Hauptkräften zwischen den Ölfeldern von Yenangyaung und Prome stand, wußte um die Gefahr. Er würde sich nur begrenzte Zeit halten können. Hinzu kam, und das kalkulierten auch die Japaner bei ihrer Planung mit ein, daß im Mai der Monsun kam. Bis zu diesem Zeitpunkt mußten die Truppenbewegungen so oder so abgeschlossen sein, denn die sintflutartigen Regengüsse würden jeden Weg unpassierbar machen und die Truppenbewegung zum Stillstand bringen. Bis zum Mai blieben nur noch Wochen.

Nugung, der Gurkha, hörte die Panzer als erster. Sofort meldete er Tomlin das entfernte, sich nähernde Kettengeräusch. Zu seiner Überraschung beruhigte ihn Tomlin: »Das geht in Ordnung, es sind unsere eigenen. Die restlichen Panzer, die Prome verteidigt haben. Sie kommen hier vorbei.«

»Sie haben Prome aufgegeben?«

»Daß sie hier auftauchen, beweist es. Jetzt beziehen sie vermutlich in dieser Gegend Position. Wenn die Japaner kommen, werden sie Artillerie spielen. Und wenn wir abhauen müssen, decken sie uns.«

Wenn es sie dann noch gibt, dachte der Gurkha. Laut sagte er: »Vielleicht hauen uns auch die Chinesen raus.«

Es war bekanntgeworden, daß die 200. Kuomintang-Division, die Tschiang Kai-shek zur Unterstützung nach Burma geschickt hatte, schon bei Toungoo kämpfte, am äußersten östlichen Ende von Slims Verteidigung. Drei weitere Divisionen, so hieß es hinter vorgehaltener Hand, sollten aus Yünnan entlang der Burma-Straße südwärts marschieren, um sich den Japanern entgegenzuwerfen.

Tomlin glaubte diese Gerüchte nicht. Außerdem war es ihm ziemlich egal, wer ihm und seinen Kameraden aus der gegenwärtigen Klemme half. Waren es die Chinesen – gut. Schließlich kämpften sie bereits jahrelang gegen die in China eingedrungenen Japaner und hatten nicht nur eine Rechnung mit ihnen zu begleichen. Außerdem besaßen sie auch Erfahrung. Aber – erst mußten sie einmal hier sein!

Zunächst kamen die Panzer. Stuarts. Ein älterer Typ, ein 13tonner, der in den Kolonien sozusagen »aufgebraucht« wurde. Aber immerhin hatten sie eine automatische 3,7-cm-Kanone, und das war schon etwas, wovor die Japaner Respekt zeigen würden.

Die Stahlkolosse, vollgepackt mit Habseligkeiten der hinter ihnen her trottenden Infanteristen, verschwanden vom Fahrweg wieder im Dschungel. Dafür rumpelten Lastwagen vorbei, Militärfahrzeuge, aber auch Zivilkutschen jeder Art, mit so lächerlichen Aufschriften wie »Hudsons Red Limonade«. Sie alle transportierten Tote und Verwundete. Nordwärts hieß die Losung. Auf die letzten Übergänge des Chindwin im Gebirge zu, wo hinter den Bergketten Indien lag, die Provinz Manipur. Irgendwo dort weit westlich gab es dann die Bengal-Assam-Railway, eine Eisenbahnlinie, die nach Kalkutta führte, nach Chittagong, zu den ersten arbeitsfähigen Lazaretten.

»Fünfhundert Kilometer Luftlinie«, sagte Tomlin, »weißt du, wieviel das über Bergketten und durch Dschungel heißt?«

»Nein«, antwortete der Gurkha.

»Das Dreifache.«

»Dann werden nicht viele überleben.«

Schweigend beobachteten sie den traurigen Troß. Den Lastwagen folgten Mulikarren, vollgepackt mit reglosen Gestalten. Zum Schluß trotteten Mulis mit Gepäck heran. Auch auf ihnen lagen hin und wieder noch Tote.

Wie werden die nach drei Tagen Dschungel aussehen? dachte Tomlin. Aber eigentlich war die Frage überflüssig. Seit Tenasserim, als alles anfing, wußte Eric Tomlin ziem-

40

lich genau, was vierzig Grad Wärme, neunzig Prozent Luftfeuchtigkeit, Insekten, Würmer, Regen und herabhängende Äste aus Toten machten, die durch den Dschungel transportiert wurden. Als er in sein Schützenloch zurückkam, winkte ihn der Funker, der neben ihm lag, zu sich. Er hatte mit seinem Batteriegerät soeben Nachrichten aus Indien gehört.

»Sie sagen, es gibt zahlreiche Burmesen, die sich den Japanern als Hilfskräfte zur Verfügung stellen. Zeigen ihnen den Weg, tragen Lasten …«

Das war nicht überraschend. Es handelte sich wohl um Gegner des britischen Kolonialsystems in Burma, die in den Japanern ihre Befreier sahen. Eindringlich genug hatte die japanische Propaganda ja seit Monaten verkündet, Japan werde mit den »befreiten« Völkern in Asien eine Sphäre des gemeinsamen Wohlstandes schaffen. Nur für Asiaten. Manche glaubten das.

»Und japanische Kommandos kleiden sich wie burmesische Bauern und sickern durch unsere Linien«, erzählte der Funker weiter. Tomlin fragte ihn, ob er auch etwas von Essenausgabe gehört habe. Der Funker lachte: »Aus Indien?«

Und dann war in der Luft plötzlich ein hohes Jaulen, ein Rauschen. Irgendwo schlug eine Granate ein. Zugführer bliesen in ihre Trillerpfeifen. Wer sich außerhalb seines Deckungsloches aufhielt, beeilte sich, hineinzuspringen, den Kopf möglichst tief zu ducken.

Gewehrfeuer gesellte sich zu den Detonationen der Granaten. Panzer schossen. Noch war kein japanischer Infanterist zu sehen, nirgendwo erklang das heisere »Banzai!« der Angreifer, wie man es aus Tenasserim kannte. Aber sie waren da. Jetzt mußte sich zeigen, was in General Slims zusammengewürfelter Abwehrfront steckte.

Zuflucht Indien

Die britischen Militärs in Asien hatten sich in der Vergangenheit weitaus mehr damit beschäftigt, innenpolitisch Ordnung zu schaffen, als sich mit Fragen der Strategie und Taktik in einem Krieg zu befassen. Diese Schwäche wurde nach den ersten Schlägen Japans überdeutlich. Erst zu diesem Zeitpunkt, als das Empire sich gegen den äußeren Feind zu verteidigen hatte, erkannten sie, daß in ihrem Kolonialreich eine Kommandostruktur existierte, die den Erfordernissen eines modernen Krieges nicht gerecht werden konnte.

So wurden die für Burma geltenden Entscheidungen in Indien getroffen, Hunderte von Kilometern entfernt, von Männern, die nicht mit der realen Lage vertraut waren und außerdem viel zuviel mit Problemen in anderen Gegenden beschäftigt wurden. Eine Neuordnung der militärischen Kompetenzen auf höchster Ebene war inzwischen sogar von Premier Winston Churchill als unumgänglich bezeichnet worden. Aber diese Forderung unter dem Druck eines massiven gegnerischen Angriffs zu realisieren, erwies sich als äußerst schwierig.

Die Einsicht kam spät: Wollten England und seine Verbündeten diesem Gegner in Südostasien gewachsen sein, mußte dort zuallererst ein selbständig handlungsfähiges Oberkommando aller Alliierten etabliert werden, das Strategien für die Rückeroberung verlorener und die Verteidigung bedrohter Gebiete ausarbeitete, geeignete Truppenkommandeure ernannte, Operationen plante und die Logistik organisierte.

Churchill sah auf dem Posten des Oberkommandierenden nur einen britischen Offizier, persönlich favorisierte er Lord Mountbatten. Darüber mit den Amerikanern Einigkeit zu erzielen, würde noch relativ einfach sein. Der andere Verbündete in Südostasien und im pazifischen Raum war Tschiang Kai-shek, und bei dessen aus vielerlei Gründen problematischem Verhältnis zu England würde es ungeahnte Schwierigkeiten geben.

Churchill sprach trotzdem mit dem amerikanischen Präsidenten darüber, und man einigte sich auf ein gemeinsames Vorgehen im Interesse der Sache. Was Tschiang Kai-shek betraf, so traute sich Roosevelt zu, ihn durch geschicktes Taktieren nach und nach zum Einlenken zu bewegen, schließlich bestritten die USA inzwischen einen riesigen Teil der Versorgung Chinas und seiner Armeen im Kampf gegen Japan.

Roosevelt hatte sich schon Ende Dezember 1941 mit Tschiang Kai-shek dahingehend geeinigt, daß der Marschall offiziell das Kommando über die alliierten Truppen in China übernehmen solle, was ihm durchaus schmeichelte. Diese Übereinkunft ermächtigte ihn auch zum Oberbefehl in Gebieten Indochinas und Thailands, in denen alliierte Truppen zum Einsatz kommen würden. Ziel der Übereinkunft war ein gemeinsames Oberkommando auf dem »Kriegsschauplatz China-Burma-Indien«. Allerdings würde das noch Zeit brauchen. Roosevelts kluge Entscheidung hinsichtlich Tschiang Kai-shek schloß diesen sofort dafür auf, einen US-Offizier als Stabschef in sein Oberkommando aufzunehmen, der für die Koordinierung verantwortlich sein sollte. Etwa bei den chinesischen Divisionen, die Tschiang Kai-shek – nicht zuletzt im eigenen strategischen Interesse – England für die Verteidigung Burmas zur Verfügung stellen sollte. Denn diese Divisionen, von denen ein Teil bereits im Einsatz war, unterstanden in Burma selbstverständlich britischem Oberkommando. Das sah der auf Respektierung seiner eigenen

Die Brücke über den Sittang. 1942 von den Alliierten beim Rückzug gesprengt, wurde sie beim späteren Vormarsch wieder instand gesetzt

Rolle als großer Kriegsherr bedachte Tschiang gar nicht so gern und an der Front führte es zuweilen zu argen Problemen. Nun aber halfen die Amerikaner Tschiang Kai-shek, sein Gesicht zu wahren, indem sie ihm einen Liaisionsoffizier von hoher Qualität und großer Erfahrung schickten, sozusagen als Puffer zwischen beiden Seiten.

Joseph W. Stilwell, ein zäher, kleiner Mann, der die Sechzig überschritten hatte, war das genaue Gegenteil von dem, was man sich etwa in Preußen unter einem General vorgestellt hätte. Er fand, militärische Umgangsformen seien ein notwendiges Übel, entscheidend sei hingegen die soldatische Qualität einer Truppe, ihre Fähigkeit, sich selbst unter noch so schweren Bedingungen durchzubeißen. Stilwell war ein Truppenkommandeur, kein Casinosoldat. Wenn es einen Mann gab, der Krieg nicht liebte, ihn aber als nun einmal übertragenen Job möglichst auf die beste Art erledigte, dann war es dieser Veteran aus dem Ersten Weltkrieg. Seine Kennzeichen waren das extrem kurzgeschorene Grauhaar, die Nickelbrille sowie die meist in einer Spitze gerauchte Zigarette. Außerdem die lässige, auf den Punkt zielende Sprache und die persönliche Anspruchslosigkeit, die eher einem indischen Wasserträger angestanden hätte als einem altgedienten US-Generalleutnant.

Dabei war Stilwell durch Westpoint gegangen, mit Bravour, hatte nach dem Ersten Weltkrieg Jahre auf den Philippinen Dienst getan und schließlich in China als Stabschef der 15. US-Infanteriedivision. Die chinesische Sprache beherrschte er ebenso, wie er sich in der Psyche der Chinesen blendend auskannte. Er fand sie sympathisch, den chinesischen Soldaten hielt er zwar für schlecht geführt, aber trotzdem für einen der besten der Welt, wenn man ihn an seinen Leistungen maß.

In New York, beim Abschied von seiner Frau, war ihm ihr besorgtes Gesicht keineswegs entgangen. Trotzdem zog er es vor, seine Mission nicht zu verharmlosen. So murmelte er etwas, das sich wie ein mürrischer Kommentar über alle Idioten anhörte, denen nichts weiter einfiel, als sich gegenseitig die Köpfe abzuschießen.

Joseph W. Stilwell besaß einen beißenden Humor. Manche Unterstellten hatten ihn liebevoll »Essig-Joe« genannt, weil nach ihrem Empfinden dieser Mann immer etwas fand, worauf er sauer sein konnte. Andere nannten ihn nicht weniger liebevoll »Onkel Joe«. Daß er überdies die Gewohnheit hatte, bei jeder passenden Gelegenheit sehr saure Drops zu lutschen, trug ebenfalls zu seiner Popularität bei.

Von New York nach Miami, von dort nach Rio, quer über den Ozean nach Kairo, weiter nach Bagdad und schließlich Landung in Karachi. Von dort wurde er mit einem Verbindungsflugzeug der Armee nach Kalkutta gebracht. Stilwell schubste den Militärarzt an, der neben ihm auf der letzten Flugetappe geschlafen hatte, und raffte seinen Seesack auf. Die unvermeidliche Umhängetasche, in der sich auch sein Revolver befand, baumelte schon an seiner Hüfte. »Aussteigen, der Krieg beginnt!«

Am Fuße der Gangway angekommen, sagte Stilwell zu dem Militärarzt, der hier sein erstes Kommando antreten sollte: »Das ist Asien, Sohn, riechst du es?«

Der andere prustete Wasser von den Lippen, es ging einer der schlimmsten Regengüsse nieder, die er je erlebt hatte. »Wenn das jeden Tag so stinkt, kann ich darauf verzichten. Auf den Regen sowieso ...«

Von Stilwells altem Hut, den er schon während seiner Dienstzeit auf den Philippinen getragen hatte, als diese Hüte noch zur Ausrüstung gehörten, rann das Wasser in den Kragen seiner Uniformjacke. Es schien ihm nichts auszumachen, denn er entgegnete lachend: »Was wirst du erst sagen, wenn du in solch einem Regen einen Bauchschuß operierst und niemand da ist, der dir eine Zeltplane über den Kopf hält?«

»Essig-Joe« blieb nur einen Tag in Kalkutta. Es drängte ihn, zu Tschiang Kai-shek zu kommen, den er aus lange zurückliegender Zeit als schwierigen Partner kannte, und den er nicht selten einen alten Bastard nannte. Diese kaum als Kosewort zu wertende Bezeichnung ging ihm überhaupt leicht über die Lippen.

Als die amerikanische »Dakota« nach mehreren Zwischenlandungen endlich Lashio in Nordburma erreichte, war es später Nachmittag geworden. Man schrieb den 3. März. Lashio, sonst der wichtigste, geschäftigste Ort an der oberen Burmastraße, war fast ausgestorben. Eisenbahnzüge aus Rangoon kamen nicht mehr an, es gab keine Güter mehr, die man aus Waggons auf schwere Lastwagen für den Weitertransport hätte verladen können – wer noch in der Stadt lebte, saß untätig herum. Hundertfünfzig Kilometer südwärts befanden sich die Angriffsspitzen der Japaner.

Stilwell saß in der Maschine, in der es sogleich unerträglich heiß wurde, und wartete auf das übliche Auftanken, als ein Melder erschien und ihm mitteilte, der »Generalissimo«, wie sich Tschiang Kai-shek nannte, sei in Lashio und erwarte ihn.

Der chinesische Staatschef war hierher gekommen, um sich bei den Engländern über den plötzlich ausbleibenden Nachschub zu beschweren. Von einem nicht sehr bedeutenden, auch nicht sehr höflichen Offizier, einem Major, dem höchsten Dienstgrad der Engländer in dieser Gegend, hatte er die lakonische Antwort bekommen, da unten, wo die Güter herkamen, sei Krieg. Inzwischen hatte Tschiang die Oberkommandierenden der beiden Armeen, die er zur Unterstützung für die bedrängten Engländer nach Burma schicken wollte, nach Lashio beordert und konferierte mit ihnen über taktische Fragen. Sein Plan sah vor, mitten durch Burma, in Ost-West-Richtung, eine Front zu errichten, die Japaner da aufzuhalten und sie dann zurückzuschlagen.

Stilwell, die abgekaute Zigarettenspitze mit einer in der

feuchten Luft ausgegangenen »Camel« im Mundwinkel, besah sich die Landkarte und mußte sich beherrschen, um Tschiangs Vorschlag nicht sogleich als das zu bezeichnen, was er war: die Spinnerei eines Amateur-Militärs, der zwar viel von politischen Intrigen verstand, aber erschreckend wenig von Kriegführung, was er in seinem eigenen Lande eigentlich ausreichend bewiesen hatte.

Doch der alte General hatte mit dem Chinesen so seine Erfahrungen. Geschickt verstand er es, ihn von der fixen Idee einer Ost-West-Front erst einmal abzubringen. Er rechnete ihm nur vor, daß eine japanische Division allein die Personalstärke einer chinesischen Armee (mit ihren vier Divisionen) hatte. Das kühlte den kühnen Planer Tschiang einstweilen ab. Er mußte zugeben, daß die 200. Division, etwa ein Achtel der zugesagten Truppen, bisher als einziger chinesischer Verband überhaupt kämpfte. Der Rest der teilweise ziemlich schlecht ausgebildeten und geführten Truppen wartete noch in Yünnan oder war bestenfalls auf dem Weg nach Süden, mit wenig klar definiertem Ziel.

Stilwell ließ sich in einer Konferenzpause von seinem alten Freund Dr. Gordon Seagrave, einem amerikanischen Arzt, der seit vielen Jahren in Nordburma einen einsamen Kampf gegen Seuchen, Tropenkrankheiten und für hygienische Grundvoraussetzungen in den Siedlungen führte, über die tatsächlichen Geschehnisse informieren.

Seagrave wußte besser Bescheid als der Generalissimo, der aus seinem fernen Standort Tschungking angereist war, um sich in Szene zu setzen. Er sagte zu Stilwell: »Siebzigtausend englische Soldaten auf dem Papier, Joe. An der Front zwölftausend. Die Hälfte davon sitzt ständig unter Farnbüschen und scheißt sich die Därme aus dem Leib. Andere sind verwundet, haben Malaria. Tanks und Lastwagen bleiben wegen Spritmangel stehen, Verwundete verrecken, weil es keine Ärzte an Ort und Stelle gibt, kein Verbandszeug. England hatte kein Verteidigungskonzept für Burma, das ist die bittere Wahrheit. Die Herren in Indien haben keine Ahnung, wie man dieses Land verteidigen kann. Und die Japaner sind bessere Soldaten, als man dachte. Rücken ebenso schnell vor wie in Malaya. Marschieren bis zum Umfallen. Haben kleine Fünfzehn-Tonnen-Panzer, die mit Dieselöl laufen, zur Not auch mit Petroleum. Aufzuhalten, hier in Burma, sind die nicht, wenn du mich fragst …«

»Totlaufen lassen?« Stilwell forschte im Gesicht des Arztes. Der wiegte den Kopf. »Eine der Möglichkeiten. Logistik für sie in die Länge ziehen und unsere eigene verkürzen. Umgruppieren, in Indien. Dann mit geballter Kraft zurückschlagen. Wenn ich mich nicht irre, sind diese Japaner von Natur aus Angreifer. Werden sie selbst angegriffen, und zwar massiv, auch mit der Air Force, werden sie mürbe.«

Stilwell grinste. »Wenn du dich da bloß nicht irrst!«

»Ich bin lange genug in diesem höllischen Land, um zu wissen, daß es auch Japanern zu schaffen macht, wenn sie nur aus dem Tritt gebracht werden, auf halbe Rationen gesetzt, ein paar Wochen von ihrem Nachschub an Atebrin-Tabletten abgeschnitten, ohne Wasser …«

»General hättest du werden sollen«, zog Stilwell ihn auf. Aber er spürte, daß von allem, was er bisher gehört hatte, diese Einschätzung der Sachlage die einzig realistische war. Mit dezimierten, demoralisierten Truppen ließ sich keine Auffangstellung quer durch Burmas Dschungel errichten, die die Japaner in ihrer gegenwärtigen Form aufhalten konnte. Kräfte in Sicherheit bringen, Reserven mobilisieren, von der Verteidigung, bevor sie zur offenen Flucht zu werden drohte, zu einem geplanten Rückzug kommen und dann aus der Tiefe angreifen – der Zivilist und Menschenfreund Seagrave beurteilte die Chancen überraschend richtig.

»Und wo kriechst du unter?« fragte ihn Stilwell.

«Du meinst, wenn die Engländer das Handtuch werfen? Ich habe ein Dutzend und mehr Stützpunkte oben in den Bergen, bei den Kachins. Alles was dort unter zehn Jahren alt ist, habe ich entweder zur Welt gebracht, geimpft oder von Würmern befreit. Dorthin kommt kein Japaner. Jedenfalls nicht lebendig, Joe!«

Er hielt sich irgendwo im Nordosten auf, zwischen Sumprabum und Fort Hertz, unweit der Grenze zu China, wo selbst die Mulis ihre Not hatten, die schmalen, felsigen Pfade aufwärts zu klettern.

»Und in jedem Dorf gibt es Männer, die gegen die Japaner zu kämpfen bereit sind«, erklärte er Stilwell. »Schick uns Munition, Waffen, ein paar Sergeanten, und wir haben eine Armee!«

»Werde mich daran erinnern, Gordon«, versicherte ihm Stilwell. Er meinte, was er sagte. Gegen Japans Angriff, der ganz Asien überzog, mußte sich ganz Asien wehren. Und nicht nur mit jenen militärischen Mitteln, die auf den britischen Kriegsschulen gelehrt wurden.

Zuerst allerdings hatte Stilwell, noch bevor er offiziell sein Kommando antrat, Mühe, den »Generalissimo« in seinem chronisch antibritischen Gehabe zu bremsen. Der machte die Engländer für jedes Ungemach verantwortlich, das ihm einfiel. Sie hätten ihre Versprechungen nicht eingehalten, was den Nachschub betraf, ihre Generäle seien unfähig, ihre Diplomaten überheblich. Erst jetzt begriff Stilwell, welch ein Geschenk der »Generalissimo« den USA zu machen glaubte, indem er einwilligte, ihn, den amerikanischen General, zum Stabschef zu machen, und – zum Oberkommandierenden und Oberbefehlshaber aller chinesischen Truppen, die mit den Engländern in Burma kämpften. Denn: »Es wäre unmöglich, eine Beleidigung von historischem Ausmaß, wenn chinesische Soldaten jemals von einem Engländer befehligt würden. Nicht vorstellbar! Eine Schande für China!«

Stilwell raunte Seagrave ins Ohr: »Old Peanut hat sich um keinen Deut verändert, seit ich ihn zuletzt erlebte.« Der Vergleich mit der Peanut, der Erdnuß, gehörte zu den Scherzen, die Stilwell schon über Tschiang gemacht hatte, als er ihm noch nicht direkt unterstellt war – der kahle Kopf des Chinesen erinnerte in der Tat an eine solche Nuß.

Seagrave knurrte zurück: »Ich habe vergessen dir zu sagen, du mußt schnell mit Chennault ins Geschäft kommen. Er hat leistungsfähige Leute.«

General Claire Lee Chennault, ein Abenteurer und hervorragender Flieger zugleich, der schon länger entsprechend einer geschäftlichen Vereinbarung mit Tschiang ein bunt zusammengewürfeltes Geschwader, die »Flying Tigers«, gegen die Japaner in China anführte, war der nächste Gesprächspartner, mit dem Stilwell sich in Kunming, bei der letzten Zwischenlandung vor Tschungking, beriet. Sie einigten sich darauf, daß der Kampf gegen die Japaner zu einem hohen Grade den Einsatz von Flugzeugen erfordere.

»Du sorgst für Sprit und Maschinen«, erklärte Chennault Stilwell, wobei sein Ledergesicht sich zu einem Grinsen verzog, »und ich sorge mit meinen Leuten dafür, daß der Himmel für die Japaner ungemütlich wird.«

Als Stilwell seine Bedenken wegen des Ausfalls der Burma-Straße als Versorgungsader für die Chinesen äußerte, meinte der alte Fuchs Chennault, der gerade aus den USA dreißig neue Maschinen des Typs P-40 bekommen hatte, die von Lashio aus operierten: »Umdenken, Joe. Von der Erde in die Luft!«

»Du meinst damit die Transporte?«

Chennault nickte.

»Geht das? Ich kenne nicht alle Möglichkeiten der Luftfahrt …«

»Es geht.« Chennault, der sich lange genug in Asien aufgehalten hatte, um die Gegebenheiten genau zu kennen, und der, wie er zuweilen von sich sagte, von der Luftfahrt mehr vergessen hatte, als die meisten anderen Flieger überhaupt wußten, setzte zu einer Erklärung an. Findige Nachschubleute hätten bereits kurz nach dem Verlust von Rangoon ein halbes Dutzend robuster amerikanischer Transportflugzeuge für eine neue Unternehmung eingesetzt. Von Flugplätzen in Indien sei Material nach Lashio geflogen und von dort weiter nach China transportiert worden.

»Einen großen Teil unserer Ersatzteile beschaffen wir uns auf diese Weise«, endete Chennault.

Und dann machte er Stilwell auf den Lieutenant-Colonel William D. Old aufmerksam, der dabei war, die beste Flugroute von Assam über die himmelhohen Bergketten des Himalaya bis Kunming in China zu erkunden. Zwischen den faltigen Graten in mehreren tausend Metern Höhe gab es immer wieder tiefe Einschnitte, Täler, die geschickte Flieger nutzen konnten. Wenngleich dort oben Windböen von ungekannter Stärke eine Maschine Hunderte von Metern in die Höhe oder in die Tiefe wirbeln konnten.

Old leistete binnen kurzer Zeit wahre Pionierarbeit. Er legte eine Flugroute fest, die zwar nicht ungefährlich war, auf der aber rund um die Uhr mit amerikanischen C-47-Maschinen viele Tausende von Tonnen Kriegsmaterial und Versorgungsgüter aus Indien nach Kunming, zu Tschiangs Armee geflogen werden konnten. Die Route verlief von den japanischen Feldflugplätzen im eroberten Gebiet weit genug entfernt, um Angriffe durch Jäger unmöglich zu machen. Außerdem würden sie nicht in die Höhen steigen können, in denen die Transporter flogen. Die Chance der Japaner, durch die Unterbrechung der Burma-Straße den Widerstand in China entscheidend zu schwächen und so durch ein Wechselspiel zwischen Aktionen im Norden und im Süden zu einem billigen Erfolg zu kommen, war damit zunichte gemacht.

Stilwell nutzte die Flugmöglichkeit über den Himalaya, von den Piloten später »der Hump« (Höcker) genannt, um einen großen Teil der chinesischen Truppen, die Tschiang für Burma vorgesehen hatte, und die noch nicht an der Front waren, erst einmal nach Assam ausfliegen zu lassen. Etwa

13 000 Soldaten ließ er dort von erfahrenen US-Ausbildern für einen Feldzug im Dschungel trainieren, der erst bevorstand, wenn die Japaner ihre Stoßkraft erschöpft hatten. Allerdings war der Zeitpunkt dafür noch nicht abzusehen, zumal Stilwell in der Beurteilung von Gegnern äußerst vorsichtig zu sein pflegte.

Der General begab sich, nachdem sich die Militärbürokratie Tschiangs in Tschungking mit ihm abgefunden hatte, unverzüglich zu den chinesischen Einheiten, die bereits bei Toungoo gegen die Japaner kämpften. Meiktila war gefährdet, und Stilwell hatte wenig Hoffnung, daß er mit dem, was ihm noch im Nordteil des Landes zur Verfügung stand, Mandalay, die zweitgrößte Stadt des Landes, würde halten können. Bei Mandalay gabelte sich die Bahnlinie nach Norden. Während die östliche Strecke bis Lashio führte, endete der westliche Arm in Myitkyina, unweit der chinesischen Grenze. Gelang es den Japanern, diese Strecken für sich zu nutzen, war das Schicksal Burmas besiegelt.

Die Tage für die Verteidiger der britischen Kolonie vergingen unter unablässigen Kämpfen. Weniger waren es die großen Gefechte, die die Kräfte verzehrten, sondern vielmehr die unzähligen kleinen Zusammenstöße, Überfälle, Hinterhalte, die das Heer der Engländer dezimierten.

Längst gab es kein zusammenhängendes logistisches System mehr. Einheiten operierten auf eigene Faust, wichen den Schlägen der Japaner aus, in der Hoffnung, vom Hinterland, aus Indien werde Ersatz kommen. Doch er kam nicht.

W. L. Foster, der letzte Vertreter der britischen Ölgesellschaft, dirigierte, innerlich vor Zorn kochend, die englischen Pioniere, als sie die Ölanlagen von Yenangyaung sprengten. Etwa zweitausend japanische Infanteristen hatten die britischen Stellungen umgangen und konnten sie jederzeit von der Flanke her angreifen. Nachdem die Ölquellen brannten, stießen die Japaner an den Ölfeldern zunächst vorbei, den Irawadi entlang, durch das Tal des Chindwin nordwärts. Von

Prome aus zielten sie mit einem weiteren Stoß auf Arakan, eine sumpfige und waldreiche Küstenregion, die im Süden bis an die indische Grenze reichte, wo Maungdaw lag, die letzte burmesische Stadt. Zwischen diesen beiden Keilen zeichnete sich jetzt immer mehr ein riesiger Kessel ab, den die Japaner weiter einengten. Für die britischen Truppen gab es in dieser Lage nur noch eine Chance: Um der Zerschlagung zu entgehen, mußten sie im Tal des Irawadi und des Chindwin schneller als die Japaner nordwärts gelangen, zur letzten großen Übersetzstelle bei Kalewa. Schafften sie es, den Fluß hier zu überschreiten, konnten sie die Japaner vom anderen Ufer her aufhalten.

Inzwischen stießen die 55. und 56. japanische Infanteriedivision zusammen mit einem Panzerregiment, zu dessen Bestand die bewährten CHI-HA-97-Panzer mit ihren 5,7-cm-Kanonen gehörten, zwischen dem Oberlauf des Sittang und dem Salween vor und nahmen Loikaw, so daß chinesischen und britischen Truppen südlich von Mandalay ebenfalls die Einschließung drohte.

General Slim befahl daraufhin den Rückzug, bevor die Japaner die Eisenbahnlinie nach Myitkyina sperren konnten.

Doch auf dieser Schmalspurstrecke herrschte ein unbeschreibliches Durcheinander. Zivilisten, chinesische und britische Einheiten – alles kämpfte um die letzten Waggons. Ein Zugunglück machte schließlich das Chaos komplett. Die Linie war auf lange Zeit unbenutzbar, zumal es keinen Reparaturzug mehr gab. So mußten die noch in Zentralburma operierenden alliierten Truppen den langen Fußmarsch nach Norden, durch Dschungel und Moskitosümpfe, über Bergketten und durch Flußtäler antreten, um nicht viel mehr zu retten als ihr Leben und wenigstens Reste ihrer Kampffähigkeit.

General Joe Stilwell, ein äußerst kühl kalkulierender Soldat, marschierte an der Spitze seines Stabes durch den Regenwald. Ziel war das weit entfernte Myitkyina. Dort gab es

Behelfslazarett auf einem Floß. Helferinnen des Burma-Arztes Seagrave bringen ein Schattendach auf einem der Wasserfahrzeuge an. Nicht selten wurden auf solchen Flößen auch Notoperationen vorgenommen

noch einen Flugplatz, über den Stilwell hoffte, die Reste der nördlichsten Truppengruppierung nach Indien ausfliegen zu können.

Manchmal wurde dem alten Mann der Weg recht schwer. Die Strapazen waren selbst für junge Männer unmenschlich. Gern hätte er hin und wieder geruht und eine Zigarette geraucht. Doch Tabak war Mangelware. Nur wenn sie durch Ansiedlungen kamen, konnte man ab und zu eine Portion burmesischen Landtabak erstehen, aber der bereitete nicht viel Freude. Die fehlenden Zigaretten wären leichter zu ertragen gewesen, hätte man wenigstens ausreichend zu essen gehabt. Aber abgesehen von einigen zufällig geschossenen Tieren, gab es nur eßbare Wurzeln. Unter den Verbänden der Verwundeten nisteten Würmer. Immer öfter mußten die Pfadfinder ausgewechselt werden, die mit Haumessern einen Weg durch den Regenwald schlugen. Die Kräfte der Männer schwanden schnell. Die schwüle Luft unter den dichten Laubkronen erschwerte das Atmen. Die Waldtiere flüchteten vor den sich dahinschleppenden Menschen. Nur die bunten, handtellergroßen Falter schaukelten vor ihren müden Augen. Hier marschierte eine Armee, die Schlachten verloren hatte. Sie war geschlagen worden, aber sie gab sich noch nicht auf. Der Zahltag, so formulierte es der brummige Stilwell, würde kommen.

Am 30. April erfuhr der General, daß die Japaner mit einem schnellen Vorstoß Lashio genommen hatten. Der Gedanke, daß er noch kürzlich mit Tschiang dort konferiert hatte, schien absurd.

»Vorwärts!« Immer wieder trieb er seine todmüden, abgerissenen, hungrigen Soldaten an. »Wir müssen rauskommen, um es ihnen später heimzuzahlen!« Tapfer stapfte er vornweg, durchnäßt, die Füße wundgelaufen, jeder Schritt eine Qual, der Körper unter der zerschlissenen Uniform voller Blutegel – aber er gab nicht auf. Sein Beispiel hielt die anderen auf den Beinen.

Gekämpft wurde an einer nicht geschlossenen Front auch in Arakan, an der Südküste, im Norden, wo sich zwischen dem schließlich gefallenen Myitkyina und der indischen Grenze zerstreut operierende alliierte Truppen westwärts bewegten, sowie am Chindwin, den General Slim mit den Resten seiner Gruppierung, die auf dem Papier der Planer in Indien schon als XV. Korps geführt wurde, bei Kalewa überqueren wollte.

Slim war es gelungen, noch einen Rest seiner motorisierten Einheiten zu erhalten. Nur Fahrzeuge, für die es keinen Kraftstoff mehr gab, wurden unbrauchbar gemacht und zurückgelassen. Slim besaß Panzer, Geschütze und Lastwagen. Als seine Pfadfinder keine Kraft mehr hatten, Schneisen zu schlagen, ließ er Panzer vorausfahren. So konnte er mit den Kräften seiner Männer wenigstens etwas haushalten. Der Chindwin, ein breiter reißender Fluß, würde ihnen

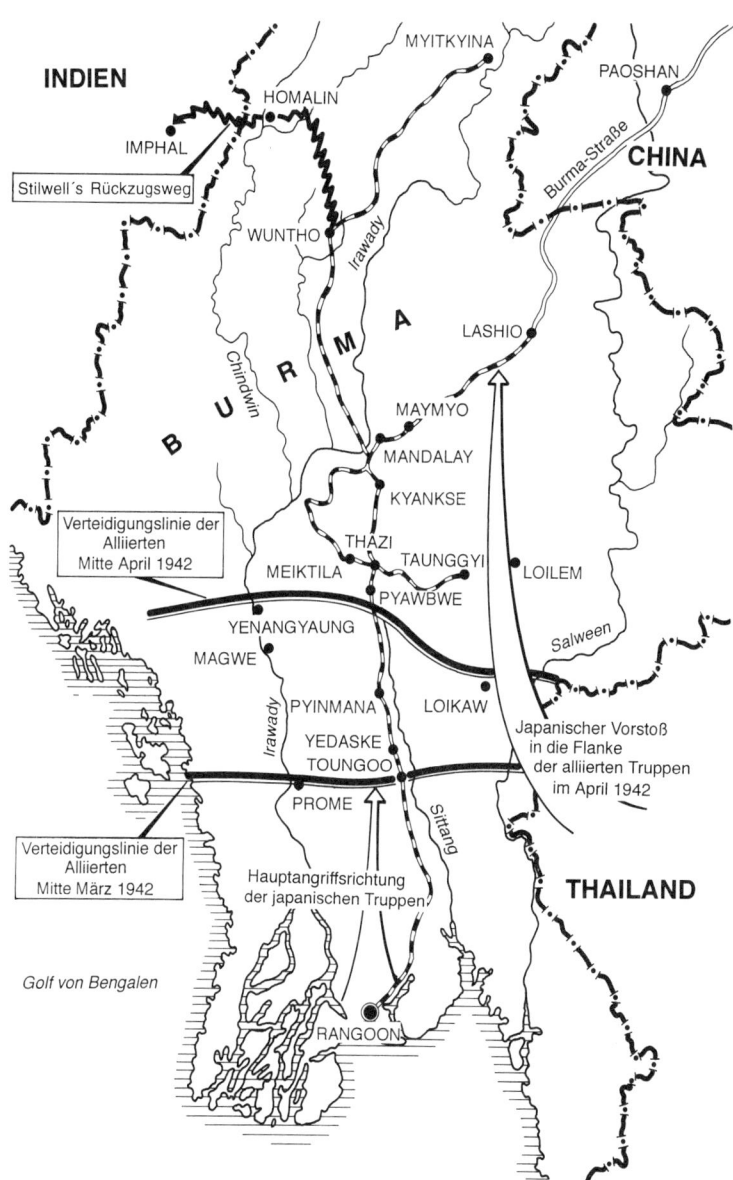

Der britische Rückzug aus Burma

das Letzte abverlangen, denn mit Fähren durfte man dort kaum noch rechnen. Und Slims Männer schleppten immerhin 2 000 Verwundete und Kranke mit. Als sie Kalewa erreichten, bestätigten sich ihre schlimmsten Befürchtungen. Alle größeren Boote und Fähren waren vernichtet worden. Lediglich kleine Kähne lagen noch am Ufer.

Obwohl es Slim nach all den Strapazen sehr schwerfiel, gab er den Befehl, alle Fahrzeuge, Geschütze und Panzer unbrauchbar zu machen. Aus den kräftigsten Männern ließ er Gruppen bilden, die provisorische Flöße bauen sollten. Die Arbeiten hatten gerade begonnen, als die Nachhut mit Maschinengewehrfeuer belegt wurde. Minuten später war sie in einen blutigen Nahkampf mit den japanischen Verfolgern verwickelt.

Lance Corporal Eric Tomlin besaß nur noch fünf Schuß Munition für sein Gewehr, als die MG-Garbe aus dem japanischen Nambu über ihm in die niedrigsten Äste prasselte. Er warf sich in den Schlamm, den ein Regenfall vor einer halben Stunde verursacht hatte, und lud durch. Neben ihm rollte sich Nugung, der Gurkha, hinter eine Brettwurzel und lauschte.

Nach einer Weile hob der Gurkha zwei Finger.

Tomlin sah die Geste und rollte zu ihm hin. Sie waren beide naß, dreckig, und der Gurkha hatte nur noch seinen Kukri. Sein Gewehr war bei einem Felsabstieg zerbrochen.

»Ich kriege sie«, flüsterte Nugung.

»Du bist verrückt«, entgegnete Tomlin. »Man soll nicht im letzten Gefecht noch den Helden spielen.«

Aber Nugung war kein Mann, der so schnell aufgab. Ehe Tomlin sich versah, kroch Nugung schon durch das dichte Unterholz davon.

Tomlin opferte zwei seiner fünf Patronen, um die Japaner abzulenken. Seine einzelnen Schüsse gingen im allgemeinen Lärm wohl unter, denn die Japaner feuerten nicht gezielt zurück. Angestrengt starrte Tomlin in die schnell hereinbrechende Dunkelheit. Aber von dem Gurkha war nichts zu sehen. Dann kam vom Ufer her die Durchsage: »Absetzen, bei Einbruch der Nacht Übergang!«

Nach einer halben Stunde war der Gurkha noch immer nicht zurück. Aber das japanische MG schoß nicht mehr. Vorsichtig robbte Tomlin zurück zum Ufer. Einige Gruppen hatten bereits übergesetzt. Plötzlich entdeckte Tomlin im allgemeinen Durcheinander den Gurkha Nugung. Er stand im seichten Wasser und wusch seinen Kukri ab. Als er mit seinem Werk zufrieden war, schaute er sich um und ging dann zu Tomlin. Der Gurkha hatte zwei japanische Kurzschwerter bei sich – begehrte Souvenirs. Eines hielt er Tomlin hin, bevor sie auf eines der schnell gezimmerten Bambusflöße sprangen.

»Was soll ich damit? Pfade in den Wald hauen?«

»Du bist dumm!« Der Gurkha grinste und legte ihm das Schwert einfach in den Arm. »Dafür kriegst du in Kalkutta eines der schönsten Mädchen, tagelang! Und wer weiß, wenn wir dann den Weg zurück machen, hast du vielleicht schon einen Sohn!«

Im Norden setze General Stilwell bei Homalin über den Fluß. Er wurde von ausgeruhten britischen Truppen mit Büchsenwurst, Whisky, Malariatabletten und rhodesischem Tabak empfangen. Die letzte Maidekade brach an, und mit ihr der Monsun. Aber er konnte die Männer nicht mehr erschrecken, sie hatten die Hölle hinter sich.

Den Japanern allerdings nahm er vorerst den Schneid. Sie blieben buchstäblich im Schlamm stecken. Auch bei ihnen wüteten Malaria und Diarrhoe, die Verpflegung so weit vorn war knapp. Die Luftwaffe konnte bei diesem Wetter nicht fliegen. In langsam voll Wasser laufenden Deckungslöchern richteten sich die Soldaten des Tenno so gut es ging ein: Burma war in ihrer Hand. Aber den Eindruck von strahlenden Siegern erweckten sie nicht.

General Stilwell wrang seinen Hut aus, dann sein Hemd,

die Hose. Erst als er genüßlich einige Züge aus einer Zigarette genommen hatte, kam er dem Wunsch des Associated-Press-Korrespondenten nach, der ein Statement von ihm haben wollte. Er sagte knurrig: »Also, ich erkläre, wir haben höllisch Prügel bekommen. Wir wurden aus Burma herausgetrieben, das ist eine blutige Schande. Ich denke, wir müssen herausfinden, wie das geschehen konnte. Dann marschieren wir zurück und erobern Burma wieder.«

Intermezzo

Das japanische Oberkommando mußte gegen Ende 1942 feststellen, daß sein Kalkül in mehrfacher Hinsicht nicht so recht aufgehen wollte.

Da war zunächst die Überlegung, die Ausschaltung der Burma-Straße würde binnen kürzester Zeit Tschiang Kai-shek zwingen, mit Japan einen Separatfrieden auszuhandeln. Das hätte Japan in seinem China-Engagement entlasten und zur Verstärkung der Kräfte an anderen Fronten führen sollen. Doch diese Hoffnung erfüllte sich nicht.

Der inzwischen zum Colonel beförderte Pilot William D. Old hatte mit seiner erkundeten Trans-Himalaya-Flugroute einen entscheidenden Anteil daran, daß China weiter versorgt und die dortige Front gegen die Japaner gehalten werden konnte. Die Piloten brachten rund um die Uhr Tausende von Tonnen Kriegsmaterial und Versorgungsgüter aus Indien nach Kunming und Tschungking. An einen schnellen Sieg über China war nach Lage der Dinge nicht mehr zu denken.

Sorgen bereiteten den japanischen Militärs auch die Berichte ihrer Geheimdienste über das umfangreiche Trainingsprogramm, das General Stilwell für ein halbes Dutzend chinesische Divisionen hatte anlaufen lassen. Die Aktion trug die Tarnbezeichnung »Yoke Force«. Trainiert wurde in Ramgarh, einem großen Truppenübungskomplex im indischen Staat Bihar. Die Ausbildung zu stören, war der japanischen Luftwaffe gegenwärtig nicht möglich, obwohl man wußte, daß dort die Kraft wuchs, mit der Stilwell eines Tages nach Burma zurückkehren würde. Was modern ausgebildete und vor allem bewaffnete chinesische Soldaten leisten konnten, hatte man bereits gespürt. Deshalb beobachteten die Japaner die Aktivitäten in Ramgarh ebenso mißtrauisch und besorgt wie die Veränderungen, die sich im östlichen Teil Indiens vollzogen.

Hier stellte man sich zwar spät, aber immerhin mit wachsendem Aufwand auf ernstzunehmende Kriegführung ein. Zahlreiche strategische Straßen und Bahnlinien, Depots, Übungsplätze, Flughäfen, Werkstätten und sonstige Einrichtungen entstanden. Aus den USA traf in steigender Menge über See Kriegsmaterial vom Panzer bis zum modernsten Flugzeug ein, ohne daß deutsche oder japanische U-Boote diesen Zustrom unterbinden konnten. Ebenfalls nicht unterbinden konnte Japans Armee Pionierarbeiten, die bei Ledo im indischen Assam ihren Ausgang nahmen.

Inspiriert von Stilwell, bauten dort Arbeiter unterschiedlicher Nationalität eine Straße, die quer durch Regenwälder und über hohe Gebirge, durch Schluchten und Savannen westwärts führen und südlich von Myitkyina auf die alte Burma-Straße stoßen sollte. War die Straße erst einmal weit genug nach Burma hinein vorgetrieben, dann wäre die Rückeroberung von Myitkyina nur noch eine Frage der Zeit. Das wußten die Japaner ebenso wie sie voraussahen, daß über diese Straße dann der Nachschub aus Indien wieder auf dem Landweg nach China fließen könnte. Der Plan der Alliierten stieß zwar wegen der geografischen Bedingungen in den nördlichen Bergen auf ungeahnte Schwierigkeiten, aber einmal verwirklicht, entstand eine sehr gefährliche Lage für die Japaner. Ledo lag am äußersten Ende der Bengal-Assam-Eisenbahn und konnte aus dem Inneren Indiens rund um die Uhr mit Transportzügen erreicht werden. Japans Luftwaffe würde diesen Vorgang zwar unter hohen Verlusten stören, aber nicht aufhalten können. Japans Vorhaben, Indien zu erobern, wäre damit gescheitert. Dazu kam, daß durch die gewaltige Ausdehnung des von Japan beherrschten Raumes in Asien erste Versorgungsschwierigkeiten auftraten. Das Kriegsglück, so flüsterte man in Japan hinter vorgehaltener Hand, hatte sich noch nicht eindeutig entschieden. Den Anfangserfolgen folgte eine Phase der Stagnation, ja sogar empfindliche militärische Niederlagen waren nicht ausgeblieben.

Im April war zum ersten Mal von Maschinen eines US-Flugzeugträgers die Hauptstadt Tokio bombardiert worden. Ein bis dahin nicht für möglich gehaltenes Ereignis, das Schlimmes für die Zukunft befürchten ließ. Im Sommer dann, während sich die schlecht verpflegten, an Malaria leidenden Soldaten in Burma in ihre schlammigen Löcher verkrochen, hatte die kaiserliche Flotte, der Stolz des Reiches, bei Midway einen vernichtenden Schlag hinnehmen müssen.

Statt Midway als strategische Position im Pazifik erobern zu können, büßte die Flotte hier neben vier ihrer modernsten Flugzeugträger auch andere Kampfschiffe ein, ganz zu schweigen von der Zahl der abgeschossenen Flugzeuge und den Verlusten an Piloten, deren Ausbildung viel Zeit erforderte. Selbst unter Kriegsbegeisterten sprach man hin und wieder von einer Wende im Pazifikkrieg.

Verlorenes Kriegsgerät war schwer genug zu ersetzen. Aber was noch stärker ins Gewicht fiel, waren die gedämpfter klingenden Siegesparolen. Man begriff, daß man es bei den Alliierten nicht mit Feiglingen und militärischen Dummköpfen zu tun hatte, sondern mit Menschen, die sehr schnell lernten, erfinderisch waren, hartnäckig kämpfen konnten und denen die Heimat mit ihren schier unerschöpflichen Ressourcen gediegenes Kriegsmaterial in unvorstellbaren Mengen lieferte.

Burma glich in diesem Kriegsjahr ein wenig der deutsch-französischen Front bis zum deutschen Angriff 1940. Man stand sich gegenüber, aber bis auf kleinere örtlich begrenzte Auseinandersetzungen wurde kaum gekämpft. Eine ge-

General Stilwell und der Kommandeur der Neuen Ersten Chinesischen Armee, Sun Li-yen. Sie erwarb sich große Verdienste bei der Wiedereroberung Burmas. General Stilwell hatte viel Aufmerksamkeit auf ihr Training verwendet, er hielt die chinesischen Soldaten – im Gegensatz zu manchem seiner Kollegen – für erstklassige Kämpfer, vorausgesetzt sie würden erstklassig ausgebildet

schlossene Frontlinie gab es nicht. Kommandos konnten an gegnerischen Stützpunkten vorbei bis ins tiefe Hinterland schleichen, und es dauerte manchmal lange, bis sie entdeckt wurden. Meist bemerkte man sie überhaupt nicht. Hin und wieder beschoß man einen Stützpunkt des Gegners, aber es fehlte die Kraft, ihn zu stürmen.

Nicht zuletzt hofften Japans Kriegsherren immer noch, daß sich im Rücken der britischen Front die nationalistische Bewegung Indiens unter Subhas Chandra Bose erheben würde, was dem Lauf der Geschichte eine völlig überraschende Wendung hätte geben können. Aber diese Bewegung war von Japans Politikern maßlos überschätzt worden.

Auch der Luftkrieg büßte an Intensität ein. Japan mußte

einen Teil seiner Bomber bis nach Thailand zurückziehen, um sie aus der Reichweite der englischen Jagdbomber zu bringen. Von ihren neuen Flugplätzen aus konnten sie dann nur mit entsprechender Einbuße an Reichweite eingesetzt werden. Als britische Jagdbomber und auch »Blenheims« nach und nach selbst Artilleriestellungen und Truppenkonzentrationen im eroberten Burma angriffen, war das ein Zeichen dafür, daß die alliierte Luftmacht nicht nur die Zahl ihrer Maschinen erhöhte, sondern auch neue Piloten am Einsatzort trainierte.

An der Landfront hatten sich drei Schwerpunktgebiete herausgebildet. Im Süden war das Arakan an der Bucht von Bengalen, im mittleren Abschnitt das Kabaw-Tal bis hinüber zu den indischen Städten Imphal und Kohima, im Norden konzentrierten sich die gelegentlichen Kämpfe auf das Ge-

Chinesische Truppen auf dem Weg zur Burma-Front. Nach 18 Monaten Ausbildung im indischen Ramgarh waren sie vollwertige Gegner für die Japaner

biet zwischen Myitkyina und dem Hukawng-Tal, eine ebenso gebirgige und unübersichtliche Region wie der mittlere Abschnitt. Straßen, auf denen man überraschend und massiert hätte vorstoßen können, fehlten fast gänzlich. Unten im Süden, in Arakan, gab es einen Streifen flaches Küstenland: Zwischen der Hafenstadt Maungdaw, der letzten burmesischen Siedlung, in der die japanischen Vorposten saßen, und Chittagong, dem wichtigen britischen Nachschubhafen im indischen Brahmaputra-Delta lagen gerade 150 Kilometer. Aber etwas weniger als 150 Kilometer trennten Maungdaw von Akyab, dem anderen wichtigen Nachschubhafen der Japaner an Burma. Er lag auf einer Arakan vorgelagerten kleinen Insel, die sich wiederum in Reichweite einer langgestreckten Landzunge befand. Zwei strategisch wichtige Nachschubhäfen in vergleichsweise günstigem Küstengelände, jeder die Truppen des Gegners versorgend.

Die Engländer gingen das Problem zuerst an, indem sie versuchten, die Japaner aus der strategischen Position Akyab, die die eigene Front bedrohte, zu vertreiben.

Der Plan dazu wurde Anfang Dezember 1942 im Indien-Oberkommando von Feldmarschall Wavell nach mehreren Überarbeitungen beschlossen. Zuerst hatte man von See her Truppen auf der Landzunge Mayu anlanden wollen, mit dem Ziel, durch einen Ablenkungsangriff die Japaner aus dem Hafen Akyab herauszulocken, den Hafen zu nehmen und die dann verstreut operierenden Japaner nach und nach zu zerschlagen.

Erfahrene Burma-Offiziere hatten das jedoch abgelehnt. Es gab noch nicht genug Landefahrzeuge, also war es nicht möglich, Truppen schnell und massiert an Land zu bringen. Schließlich entschied sich Wavell für einen Angriff entlang der Küstenstraße, der, nachdem zusätzliche Landefahrzeuge beschafft worden waren, zusätzlich durch eine Anlandung von See her unterstützt werden sollte. Der Angriff sollte bis Foul Point, am Ende der Landzunge gehen. Von dort wollte man die Truppen mit schnell gebauten Fähren auf die Insel nach Akyab übersetzen.

Captain Tim Slivers gehörte zum 135. Jagdgeschwader der Royal Air Force. Nachdem er sich in Bombay mit der neuen »Hurricane« vom Typ IIc, vertraut gemacht hatte, war er nach Chittagong versetzt worden. Diese Maschinen trugen auch die Bezeichnung »Tropical Hurricane«, da sie für den Dienst in den Tropen leicht modifiziert worden waren. So hatten sie einen besonderen Luftfilter, der den hohen Feuchtigkeitsgrad der Tropenluft kompensierte. Die »Hurrican IIc« verfügte über vier 2-cm-Kanonen und führte unter den Tragflächen entweder zwei Fünfzentnerbomben oder zwei Zusatztreibstoffbehälter mit. Durch diese Last und weil man ihre Spanten verschraubt, statt verleimt hatte, war sie etwas langsamer, auch schwerfälliger zu steuern als es Slivers von der Mark-I-Version her kannte. Die Spantenverschraubung war unumgänglich geworden, denn Leim hätte sich in der hohen Luftfeuchtigkeit unweigerlich aufgelöst. Außerdem hatte man bei der Beplankung des hinteren Rumpfes auf das sonst übliche Sperrholz verzichtet und anderes Material verwendet. Slivers war mit seiner IIc zufrieden. Noch während der Planung der Aktion Arakan hatte er Gelegenheit gehabt, das Gebiet aus der Luft einigermaßen kennenzulernen. Die Mayu-Landzunge war durch einen langgezogenen, mehrere hundert Meter hohen Gebirgszug regelrecht halbiert. In Akyab gab es nur niedrige Bauten, verlotterte Hafenanlagen, teils zerbombte und von den Japanern provisorisch instand gesetzte Anlegestellen, Schuppen, Depots. Alles das war schon Ziel englischer Luftangriffe gewesen.

Als Captain Slivers an einem Wochenende seine Unterkunft verlassen wollte, um die einzige Bierkneipe weit und breit, den »Pilots Pub«, aufzusuchen, lief ihm ein Stabssoldat nach und teilte ihm mit, im Quartier des Geschwaderkommandeurs sei eine wichtige Besprechung anberaumt worden. Der Geschwaderkommandeur war ein alter Freund Slivers', ebenfalls Captain und ebenfalls in England über dem Kanal eingesetzt gewesen. Er empfing Slivers vor der Nissenhütte aus Wellblech, in der sich auch der sogenannte Briefing Room des Alarmstartplatzes von Chittagong befand.

»Du bist der erste, den ich erwische! Die anderen scheinen den Braten gerochen zu haben und sind wohl schon bei den Genüssen des einsamen Kriegers. Keine Angst, du kannst gleich wieder gehen. Ich beraume die Zusammenkunft für morgen an. Aber dir will ich jetzt schon sagen, was uns bevorsteht, Tim. Also, die großen Onkels planen für nächste Woche den ernsthaften Krieg.«

Er zog einen Vorhang von einer Karte, die Arakan zeigte, und sagte ironisch: »Ziel für die 14. Indische Division, insgesamt acht indische und eine britische Brigade. Ende Dezember geht es los.«

Als Slivers Gesicht unbewegt blieb, erkundigte sich Commodore Trisham: »Scheint dich nicht weiter zu überraschen, wie?«

Der kleine, zartgliedrige Slivers, dessen kurzes Blondhaar erfolgreich jedem Versuch widerstand, es militärisch exakt zu kämmen, verzog die Mundwinkel und antwortete: »Mich überrascht gar nichts mehr, was sich Strategen ausdenken.«

»Wir fliegen Jagdschutz, greifen Punktziele an und schirmen die Aktion ab, so gut es geht …«

Slivers wußte von vielen Flügen über dem Gebiet, daß die Japaner im äußersten Zipfel nur dünne Sicherungen hatten. Dafür war die Bergkette auf der Landzunge stärker besetzt, da gab es Bunkersysteme. Flak war in und um Akyab zu erwarten.

»Wann genau?«

»Nächste Woche Bereitschaft. Kann jeden Tag losgehen. Und jetzt hau ab zum Bier.«

Er hielt Slivers eine Packung in Indien hergestellter

»Players«-Zigaretten hin. Slivers merkte, daß er schon wieder schwitzte. Alle Versuche, in diesem vermaledeiten Klima auch nur einigermaßen einem britischen Offizier in ordentlicher Kleidung zu ähneln, scheiterten kläglich. Am besten fühlte er sich immer noch, wenn er in seiner »Hurricane« saß, der 1200-PS-Merlin-Motor tief und gleichmäßig vibrierte und durch die Ventilation frische Luft hereinfauchte.

Tim Slivers war Berufspilot. Wenn die Air Force ihn eines Tages nicht mehr brauchte, würde er zur zivilen Luftfahrt wechseln. England-Amerika-Linie vielleicht …

Im »Pilots Pub« traf er einen alten Freund, der mit ihm die Flugausbildung absolviert hatte. Lieutenant Saunders, ein etwas verhungert wirkender Mann, der, selbst wenn er gerade zwei Steaks verspeist hatte, immer noch den Eindruck erweckte, als benötige er zwei weitere, um zu überleben. Saunders hatte bereits mehrere Flaschen »Star«-Bier, ein indisches Gebräu von zweifelhafter Qualität, zu sich genommen, als Slivers sich zu ihm setzte.

Der Lieutenant schob ihm eine volle Flasche hin und brummte: »Rosies Schuppen ist seit heute auch off limits. Sodom und Gonorrhoe ausgebrochen.«

»Dann mußt du hier weiter bis morgen früh saufen?« erkundigte sich Slivers. Daß Rosies Bar, eine der Einrichtungen, in denen man gelegentlich ein aus der Art geschlagenes indisches Mädchen abschleppen konnte, geschlossen war, beunruhigte ihn nicht weiter. Er zählte dort nicht gerade zu den Stammgästen.

»Irrtum«, antwortete Saunders träge. »Morgen früh bin ich schon zur Aufklärung gebucht. In einer Stunde pisse ich das Bier aus, und dann schlafe ich.« Er hob seine Flasche an und prostete Slivers zu.

Einsatz am frühen Morgen, das war es, was Slivers auch für sich erwartete, obwohl er den Dienstplan noch nicht kannte.

Er sah Saunders am Montag früh wieder, als er Jagdschutz für eine Kette »Blenheims« flog. Sie sollten ihre Bomben über der Mayu-Landzunge abwerfen, wo es tief ins Gebirge gegrabene Stollen gab. Wie es hieß, seien das ursprünglich Tunnel gewesen, aus denen später eine Querstraße werden sollte. Das Vorhaben sei aber nicht beendet worden. Jetzt lagerten die Japaner dort Munition. Es gab keine spektakulären Explosionen, als die »Blenheims« die Gegend bombardierten. Slivers und eine weitere »Hurricane« umkreisten die Zweimotorigen, aber es zeigte sich keine japanische »Zero«. Dafür tauchte die L-1 auf, die Saunders flog. Ein Maschinchen, das eigentlich von der zivilen Luftfahrt stammte. Der Hochdecker mit den »langen Beinen« eignete sich für die Nahaufklärung. Außerdem flog mit ihm Geschwaderkommandeur Trisham gelegentlich nach Kalkutta.

Saunders, dem die niedrig stehende Sonne voll ins Gesicht schien, zog eine Grimasse, als Slivers mit seiner Maschine vorbeizischte. Er bewegte gelangweilt die Hand, was wie ein Winken aussah, hieß aber soviel wie »lahmes Geschäft heute«.

Eine Woche später sah das völlig anders aus über Arakan. Der britische Angriff auf die Mayu-Landzunge und Akyab hatte begonnen. »Zeros« versuchten, in das Geschehen einzugreifen, und Slivers und seine Kameraden kamen aus ihren Flugzeugen kaum noch heraus.

Auf der Straße, die über Maungdaw auf die Landzunge führte, drang die 14. Division vor. Zu beiden Seiten des Höhenzuges kochte die Erde unter dem Feuer der leichten britischen Artillerie, das die Japaner aus ihren Stellungen heraus mit Granatwerfern recht wirkungsvoll beantworteten. Wo immer es zum Nahkampf kam, machten die Engländer die Erfahrung, daß Japans Krieger ihr Leben nicht schonten. Allerdings begriffen auch die Japaner, wie sehr die Stärke der Briten und Inder in kurzer Zeit zugenommen hatte.

Die Operation war von vornherein begrenzt, und es lag nicht allein an den Japanern, daß die Angreifer nur schwer vorankamen. Die britischen Militärs hatten die Schwierigkeiten des Geländes unterschätzt, sich mit dem Nachschub verkalkuliert, und die auch in dieser Jahreszeit verstärkt auftretende Malaria außer acht gelassen.

Ende Dezember war es endlich gelungen, in Donbaik, von wo aus man bereits die Insel und den Hafen Akyab sehen konnte, festen Fuß zu fassen. Allerdings hatte man sich an manchen Stellen eingraben müssen, was durchaus nicht dem eigentlichen Vorhaben entsprach. Auf dem der Landzunge gegenüberliegenden Festland hatten die Engländer Rathedaung besetzen können, eine kleine Siedlung, deren einzige Bedeutung aus ihrer geografischen Lage erwuchs. Aber dann hatten die Japaner sich von der Überraschung erholt, und der Vorstoß kam nicht weiter voran.

Akyab blieb eine Illusion. Sechs Wochen vergingen in verlustreichen örtlichen Gefechten. Dann rafften die britischen Kommandeure ein Dutzend Panzer zusammen und setzten sie massiert auf der Landzunge ein, um eine Entscheidung zu erzwingen. Eigentlich kaschierten diese Panzer nur das Unvermögen des Oberkommandos, die für diesen Zeitpunkt zugesagten Landungsboote bereitzustellen.

Aber es hätte auch noch eine andere Möglichkeit gegeben, den wachsenden Widerstand der Japaner zu brechen. Dazu hätten die britischen Militärs allerdings mit ihrer bisherigen Taktik, erobertes Terrain unbedingt vor einem weiteren Angriff zu säubern, brechen müssen. Vereinzelte, vom Nachschub abgeschnittene kleine Widerstandsnester in ihrem Rücken wären ihnen keinesfalls gefährlich geworden. Trotzdem verzettelten die Engländer ihre Kräfte in aufwendigen Säuberungsaktionen, statt den Angriff weiterzuführen.

Mehr als sechs Wochen konnte Captain Slivers aus seinem Flugzeug die unzähligen kleinen Scharmützel in den Sümpfen beobachten. Der große, entscheidende Stoß gelang

Höfliches Lächeln –
Stilwells Verhältnis
zu Tschiang Kai-shek
und dessen Frau
ließ manches
zu wünschen übrig

nicht. Und dann führten die Japaner plötzlich etwa drei ausgeruhte Bataillone zur Verstärkung heran. Die Aufklärer entdeckten sie erst, als es schon zu spät war. Slivers flog Jagdschutz für eine Bomberformation, als diese Truppen auf die im äußersten Osten festsitzenden Engländer zumarschierten. Sie kamen als Kolonne auf der Straße. Voraus fuhren Panzer, gefolgt von auseinandergezogenen Infanterieeinheiten, die bei Angriffen aus der Luft sofort in den Wäldern rechts und links des Fahrweges untertauchten. Slivers verschoß seine gesamte Munition, bevor er zurückflog. Unmittelbar nach der Landung eilte er zu seinem Geschwaderkommandeur. »Unsere Leute brauchen mehr Granatwerfer«, erklärte er. »Notfalls müssen wir sie an Fallschirmen abwerfen, die Munition auch. Die Japaner schießen unsere Vorhuten sonst glatt zusammen!«

»Keine Granatwerfer da«, antwortete Trisham lakonisch. »Der Angriff soll auf kleiner Flamme laufen. Das Material aus Amerika und von uns Zuhause wird für den entscheidenden Schlag gelagert.«

»Und inzwischen krepieren auf der Mayu-Landzunge unsere Leute und die Inder, bloß weil sie einen Angriff führen sollen, der kein richtiger ist?«

Trisham zuckte die Schultern. Im Krieg gibt es eben Entscheidungen, die außerhalb jeder Logik zu liegen scheinen. Man hatte die Japaner eigentlich nur testen wollen. Halbe

Sache. Wäre Akyab zu erreichen gewesen – gut. Wenn nicht – auch gut. Die Japaner hatten nur verhalten gekontert und suchten jetzt die Entscheidung. Was war zu tun? Rückzug? Da hatte der Stab das Wort.

»Es gibt noch keinen Befehl, zurückzugehen«, stellte Trisham fest. »Iß was, und wenn die Maschinen deiner Kette wieder fit sind, sieh zu, wo du helfen kannst. Freier Einsatz.«

Slivers und seine Kameraden flogen einen Angriff nach dem anderen. Aus der Luft erkannten sie besser als die Befehlshaber auf der Erde die Gründe, warum das Unternehmen sich festlief: Die Japaner trieben ihre Gegenoffensive mit allen Mitteln voran. Radfahrergruppen wieselten um die Flanken der britischen Angreifer herum, und bald wurde dort unten hauptsächlich mit Bajonetten gekämpft, so nahe war man sich gekommen.

Einmal machte Slivers eine japanische Artilleriekolonne ausfindig. Da seine Kette die Bomben bereits abgeworfen hatte, mußten nun die Bordwaffen sprechen. Die »Hurricanes« stießen hinab, und die Japaner suchten eilends Deckung. Als Slivers wieder hochzog, sah er über sich die »Zeros«, kleine, gedrungene Maschinen, die darauf lauerten, daß die Engländer ihre Munition verschossen, um sie dann wehrlos zu erwischen.

»Achtung!« warnte Slivers seine Kameraden. »Sie kommen aus der Sonne, bei elf Uhr!«

Er sah keinen Sinn darin, mit den »Zeros« auf gleiche Höhe zu ziehen, denn seine 2-cm-Magazine waren leer. Und in der Manövrierfähigkeit konnten es die »Zeros« durchaus mit den »Hurricanes« aufnehmen. Flucht war angesagt. Slivers drückte seine Maschine so weit wie möglich hinunter. Das entsprang einer nüchternen Überlegung: Tiefflug gehörte zu den anspruchsvollsten Übungen in der Pilotenausbildung, und die meisten Japaner waren schon nicht mehr im Frieden umfassend ausgebildete Piloten, sondern junge Ersatzleute, die in Burma ihre ersten Kampferfahrungen sammeln sollten. In seinen mühsam erlernten Tricks war man ihnen deshalb überlegen. Sofern man nicht an den Falschen geriet.

Slivers nutzte jeden Hügel, jede Möglichkeit, hinter einem Kamm zu verschwinden, und wenn es nur Sekunden waren, sie summierten sich. Katze und Maus spielen, nannte man das, aber es war die einzige Chance, sich und die Maschine zu retten.

Aus den Augenwinkeln registrierte Slivers, wie seine beiden Kettenkameraden das Gleiche versuchten. Aber er sah auch, daß die drei »Zeros« sich auf die links fliegende Maschine konzentrierten, sie in die Enge trieben und abschossen. Zurück blieb ein Feuerball. Dann lag Maungdaw, die Grenzstadt, unter ihm. Slivers flog über die zerschossenen Häuser. Von irgendwoher kam die Rauchspur einer 2-cm-Flak. Die Japaner wichen ihr aus. Kurz darauf erwischten sie noch seinen zweiten Kettenkameraden.

Als Slivers in Chittagong landete, blieb er eine Weile in seiner Maschine sitzen. Am liebsten hätte er geweint. Manchmal irrte man sich, wenn man glaubte, die gegnerischen Piloten taugten nichts mehr. Slivers konnte nur noch fluchen. Zu viele Kameraden hatte er schon umkommen gesehen. Als ihn der Geschwaderkommandeur zu sich rief, stand seine Meinung über das, was auf der Mayu-Landzunge vor sich ging, fest. »Zu viele kleine Scharmützel, zu wenig schwere Waffen, keine Unterstützung von See her, zu wenig Luftunterstützung. Soll ein solches Unternehmen in einem Terrain ohne Nachschubwege gelingen, dann muß im großen Stil aus der Luft versorgt werden. Von der Essenration bis zur Landmine.«

Trisham antwortete nicht gleich. Für ihn stand längst fest, daß dieser Testangriff von den Japanern erstaunlich geschickt ausmanövriert, verzögert und schließlich massiv zurückgeschlagen worden war.

Lieutenant Saunders, dem es mit seiner L-1 gelungen war, in einem feindfreien Gebiet hinter den Japanern zu landen, brachte die Nachricht mit, daß der Gegner den Stab der 6. Brigade überrannt hatte. Und er ließ einen Major mit einem Bauchschuß ausladen, den einzigen Überlebenden, den er mitgenommen hatte. »Brigadier Cavendish haben sie gefangengenommen, alle anderen Stabsangehörigen erschossen. Ich habe die Toten gesehen. Bis auf den Major hat keiner mehr gelebt. Ihn haben sie wohl für tot gehalten.«

Woche um Woche dauerten die Kämpfe auf der Mayu-Landzunge an. Größere Truppenteile lösten sich in kleine Gruppen auf, um den Japanern zu entgehen. Die Trockenzeit ging zu Ende. Der Monsun kündigte sich mit ersten schweren Wolkenformationen an. Die Japaner verfolgten die sich zurückziehenden Engländer und Inder, aber nicht sehr konsequent. Ihr Ziel hieß nicht Chittagong, sondern Wiederherstellung der Lage in Arakan.

Als deutlich wurde, daß die Japaner sich damit begnügten, ihre alten Positionen wieder einzunehmen, ließ Wavell die Arakan-Aktion abbrechen. Es war Mai geworden, als die letzten britischen Truppen sich über Maungdaw wieder westwärts zurückzogen und wie die Japaner die alten Stellungen bezogen.

Ein halbes Jahr hatte dieser fragwürdige Test gedauert. 2 500 Tote, von denen nur wenige zurückgebracht werden konnten, waren zu beklagen, dazu eine enorme Zahl von Verwundeten und Malariakranken.

Die indischen Truppen unter britischem Kommando hatten tapfer gekämpft, aber die Organisatoren dieses Vorstoßes mußten noch viel lernen. Eines hatte die fehlgeschlagene Operation allerdings gezeigt: Die Japaner waren nicht unbesiegbar, im Gegenteil. Sobald man sie mit unkonventioneller Kampfführung überraschte, konnten sie sich nur sehr schwer darauf einstellen, und ihre sprichwörtliche Kampfmoral sank.

Feldmarschall Wavell gab ein Statement ab, in dem es hieß: »Ich habe von einem kleinen Teil der Armee eine Leistung verlangt, die außerhalb der Grenzen ihrer Leistungsfähigkeit lag. Die Hauptverantwortung für den Mißerfolg liegt bei mir. Aber bedenkt man die Mühe, die der Gegner mit uns hatte, dann war diese Erfahrung nicht umsonst.«

Die Arakan-Aktion hatte das Oberkommando vor neue Aufgaben gestellt: Die Luftstreitkräfte mußten entscheidend ausgebaut werden, bis zur Luftüberlegenheit. Waffenausbildung und Zusammenwirken der verschiedenen Waffengattungen waren zu intensivieren. Die Versorgung angreifender Truppen auf dem Luftwege mußte angesichts des Terrains völlig neu durchdacht werden und absolute Priorität erhalten. Ob man allerdings damit dem Gegner würde beikommen können, mußte die Zukunft zeigen. Die Arakan-Aktion war ein erster Test, weitere würden wohl oder übel folgen müssen, bis man mit Erfolg operieren konnte. Viele Varianten der Kriegführung waren unter den gegebenen Bedingungen noch zu erproben. Über die Belastbarkeit der britischen und indischen Soldaten gab es nun erste verwertbare Ergebnisse, auch über die Ausfallquote. Ebenso wie sich die Grenzen gezeigt hatten, die dem Gegner gesetzt waren.

Ein junger, forscher japanischer Colonel namens Tanahashi, der den Gegenstoß der Reserveeinheiten angeführt hatte, wurde mit dem Ruhmesorden ausgezeichnet. In seiner Dankesrede empfahl er, vor allem die alliierten Luftstreitkräfte und ihre Einrichtungen im Raum Chittagong energisch zu bekämpfen, und zwar aus der Luft.

Das geschah auch. Nur merkten die japanischen Flieger recht bald, daß sie es mit immer mehr gegnerischen Flugzeugen zu tun bekamen. Die Alliierten hatten einen Schlüssel zum Tor von Burma gefunden: Die Stärke ihrer Luftstreitkräfte und ihrer Transportkapazität.

Captain Tim Slivers lag auf seiner Pritsche in der Wellblechunterkunft am Rande des Rollfeldes und lauschte auf den Regen, der auf das Dach prasselte. Irgendwann mußte er wohl eingeschlafen sein. Erschrocken fuhr er hoch, als ihn jemand rüttelte. Vor ihm stand ein Kraftfahrer. Von seinem Dschungelhut tropfte Wasser.

»Was ist?« knurrte Slivers den Inder an. »Ist der Tenno zu Besuch da?«

Der Kraftfahrer ging auf diesen Scherz nicht ein, sondern teilte ihm sachlich mit: »Captain Slivers, bitte zu Commodore, ganz pretty snell, Alarm Number One Scala!« Er stammte aus dem Ganges-Delta, und mit seinem Englisch war es nicht weit her. Autofahren gehörte zwar auch nicht zu seinen allergrößten Stärken, das merkte man an den Beulen an seinem Jeep, aber für den Dienst auf dem Feldflugplatz reichte es. Die Air Force war froh über jeden Mann, der einen Lastwagen oder einen Jeep auch nur von der Stelle brachte.

In Trishams Nissenhütte, der Einsatzzentrale, waren bereits die Piloten des 135. Geschwaders versammelt. Erstaunt registriert Slivers einige neue Gesichter. Ersatz für die bei Arakan Gefallenen. An ihrer blassen Gesichtsfarbe konnte man sehen, daß sie von Zuhause kamen. Nachschub an Piloten!

»Packen!« begann Commodore Trisham seine Ansprache. Er hielt sich nicht bei Vorreden auf. »Abflug in zwei Stunden. Bis dahin ist der Regen nach Aussage der Wetterfrösche vorbei, und die Monteure haben euch die Zusatztanks unter die Flächen gehängt. Geschwader wird in neuen Einsatzraum verlegt. Noch Fragen? Keine? Abtreten!«

Zwei Stunden später hatte der Regen zwar nicht aufgehört, aber wenigstens nachgelassen. Wie die anderen auch, stieg Slivers in seine Maschine, nachdem er im Einsatzraum seine Karte abgeholt hatte. Als Ziel war Imphal angegeben, etwa dreihundertfünfzig Kilometer nordöstlich, in Manipur, und es gehörte zur sogenannten Zentralfront.

Die startenden Maschinen wirbelten von dem Blechbelag

der Piste hohe Wasserfontänen auf. Eine nach der anderen verschwanden sie in den tiefhängenden Wolken, fanden sich über dieser wabernden Waschküche wieder, schlossen zu Formationen auf. Von Trisham angeführt, flogen sie nicht ganz eine Stunde, bis sie zwischen windgetriebenen Wolkenfetzen unter sich das Flugfeld von Imphal ausmachen konnten.

Trisham wackelte mit den Flächen und ging in den Sinkflug. Unten war man auf die Jäger vorbereitet. Die Landebahnen waren markiert, und alle hier stationierten Maschinen standen weit weg von den Pisten hinter Wällen aus Sandsäcken.

Slivers fiel auf, daß fast nur große Transportmaschinen zu sehen waren. Dann hatte er sich auf die Landung zu konzentrieren.

Imphal. Man würde sehen, was die Air Force diesmal für das 135. Jagdgeschwader bereithielt ...

Wingates erste Mission

Sergeant Learson war ein kräftiger, etwas grobschlächtig wirkender Typ. Aber das täuschte. Der Mann hatte, wie seine Kameraden meinten, das Gemüt einer Taube.

Und auch darin irrten sie sich. Zwar wurde Learson nie grob oder gar handgreiflich und hatte stets ein offenes Ohr für seine Unterstellten, doch gleichzeitig hatte er die Härten seines Handwerks tief verinnerlicht. Geriet er in eine kritische Situation, konnte er über sich hinauswachsen, und gegenüber einem Feind kannte er kein Erbarmen.

Sein Rotschopf hatte ihm den Spitznamen »Red« eingebracht. Er nahm das nicht mehr übel. Böse wurde er nur, wenn er sich ungerecht behandelt fühlte. Wie jetzt, als er sich nach der Landung in Imphal auf dem Flugplatz umsehen wollte.

Einer der Posten sah eine Weile zu, wie der rothaarige Hüne die abgestellten C-47 betrachtete, in eine Maschine sogar einstieg und sich alles genau besah. Das war für ihn der Moment, den wachhabenden Lieutenant zu rufen. Der kam sofort herbeigerannt. Schwitzend und schnaufend stellte er den Sergeanten zur Rede: »Wissen Sie nicht, daß Sie hier nicht herumspionieren dürfen?«

Learson sah ihn etwas verwundert an und erwiderte diszipliniert: »Sir, ich spioniere nicht. Ich bin Sergeant Bill Learson vom 3. Zug der 142. Commando-Kompanie. Ich gestatte mir einen Blick auf die Maschine, die mich morgen mit meinen Leuten hinter die Linien der Japaner bringen wird.«

Der Lieutenant winkte unwirsch ab. Es gab schon genug

Ärger mit Einheimischen, die sich von der japanischen Militäraufklärung hatten anwerben lassen und Flugplätze wie diesen ausspionierten. Als er das Learson sagte, entgegnete der stirnrunzelnd: »Sehe ich aus wie ein einheimischer Kollaborateur, Sir?«

Sein Gesicht verriet dem Lieutenant, daß er nicht bereit war, dies als Scherz aufzufassen. Der Lieutenant, nicht auf Streit aus und überdies darüber informiert, daß der 3. Zug der 142. Commando-Kompanie morgen abfliegen sollte, lenkte ein: »All right, haben Sie nun alles gesehen, was Sie sehen wollten?«

»Nein, Sir«, gab der Gefragte respektvoll zurück. »Wir werden Leute aus dem Dschungel holen, die verwundet oder krank sind. Die Männer gehören zu meiner Einheit. Wir brauchen also einen Arzt an Bord. In meinem Zug gibt es keinen. Und außerdem brauchen wir Tragen.«

Der Lieutenant versprach ihm, sich um die Tragen zu kümmern. Was hier vorbereitet wurde, war eine Rettungsaktion, wie es sie früher nicht gegeben hatte. Die Männer waren in Gefahr geraten, lagen hinter dem Chindwin fest und konnten aus eigener Kraft nicht zurück. Jetzt schickte man ihnen Kameraden, die sie herausholen sollten.

»Wieviele Tragen brauchen Sie?«

Learson dachte kurz nach. »Wir sind zwanzig Mann. Acht Tragen sollten genügen, nach dem was wir wissen.«

»Sie stehen morgen früh in der Maschine.«

»Und der Arzt?«

»Melden Sie das Ihrem kommandierenden Offizier. Er soll sich beim Stab der 142. dafür einsetzen.«

Learson gab zurück: »Sir, unser Stab sitzt noch in Kalkutta. Und wir fliegen eine Stunde vor Tagesanbruch.«

»Sie befehligen die Gruppe?« Als Learson das bestätigte, versprach der Lieutenant, die Sache mit dem Stützpunktkommandanten auszuhandeln. Ein Arzt würde sich finden. Learson bat, es nicht zu vergessen. Er sei dafür verantwortlich, daß seine Kameraden möglichst heil aus der Hölle herauskamen, in die man sie geschickt hatte.

Der Arzt meldete sich ein paar Stunden später bei Learson. Am nächsten Morgen stieg eine Gruppe Soldaten in die C-47, in der acht Tragen standen, dazu Verpflegungspackungen, Medikamente und Behälter mit Munition und Minen. Dr. Coplin hatte sich bereits mit den Soldaten bekanntgemacht und war so gut wie akzeptiert. Er war jung, machte einen sportlichen Eindruck und bestand nicht darauf, mit seinem Dienstgrad angesprochen zu werden. Bis vor kurzem hatte er in einem Lazarett in Chittagong gearbeitet. Jetzt machte es ihm sogar Spaß, mit diesen abenteuerlichen Rauhbeinen der Commando-Truppe in Richtung Osten zu fliegen, über die japanischen Stützpunkte am Chindwin hinweg.

Die Männer hockten in den Blechsitzen und hatten kalte Zigaretten zwischen den Lippen, weil die etwas undichten Tanks der C-47 das Rauchen nicht mehr zuließen. Gelegentlich machte einer einen derben Scherz, wie das vor Einsätzen, die das Leben kosten konnten, üblich war.

Was ihn hinter dem Chindwin erwartete, wußte Dr. Coplin nur in groben Zügen. Man hatte ihm gesagt, eine Gruppe der 142. Commandos sei vor vier Monaten unter der Führung des Brigadiers Orde Ch. Wingate ins japanische Hinterland aufgebrochen und kehre nun nach vollendeter Mission zurück. Die unorthodoxe Art dieser Kriegführung hatte es wohl mit sich gebracht, daß die Männer in einen Hinterhalt gelaufen waren und nun abgeholt werden mußten.

Die C-47 rollte zum Start. Als die Propeller auf Hochtouren drehten, fegten sie das letzte Wasser, das noch vom nächtlichen Regen auf den Tragflächen stand, in einem feinen Nebel weg. Dann schaltete der Pilot die Blätter auf Zug, und wenige Minuten später drehte die Maschine ihre Abschiedsrunde über Imphal.

Zwei, die China wie ihre Hosentaschen kannten: General Stilwell (links) und der Chef der »Flying Tigers«, General Claire Lee Chennault

Zur selben Zeit rollten zwei »Hurricanes«, die Begleitschutz fliegen sollten, aus ihren Unterständen. Der Himmel war wolkenverhangen. Der Monsun hatte in der Zeit, als Wingates Fernpatrouille unterwegs war, zugeschlagen. Die Erde dampfte. Obwohl das Wetter die Fliegerei komplizierte, schützte es zugleich. Die Japaner konnten zwar, sobald sie von ihren Vorposten Nachricht über den Einflug britischer Maschinen bekamen, die Jäger aufsteigen lassen – weit im Hinterland. Bis die es aber fertigbrachten, die eingeflogenen Maschinen zu orten, war ihr Tankinhalt meist schon aufgebraucht. Geschah der Einflug nachts oder unmittelbar vor Einbruch der Dunkelheit, dann bestand kaum eine Chance, den Gegner aufzuspüren. Auch die Morgenstunde war eine relativ sichere Zeit. Dann stieg der Dunst auf und grenzte die Sicht zusätzlich ein. So absolvierte die C-47 ihren Flug ohne Zwischenfälle. Die beiden »Hurricanes«, eine flog der erst kürzlich nach Imphal versetzte Captain Tim Slivers, hielten sich solange in der Nähe der Zweimotorigen auf, bis deren Pilot im ersten Morgenlicht die aus Bambusfackeln gebastelte Befeuerung einer in den Busch gehauenen provisorischen Landepiste ausgemacht hatte. Sie warteten die Landung ab, und dann entschwanden sie westwärts. Bis alle Verwundeten eingesammelt und ärztlich versorgt waren, würde einige Zeit vergehen. Man konnte nur hoffen, daß sie dabei nicht von den Japanern entdeckt würden. Die »Hurricanes« würden rechtzeitig zum Abflug wieder da sein.

Unten am Boden fielen die ersten Versprengten ihren Rettern um den Hals. Tranken Wasser, aßen Schokolade, rauchten ihre erste Zigarette nach Tagen. Sie hatten schlimme Verluste gehabt, nachdem sie in die Falle getappt waren. Aber sie hatten sich freigekämpft und alle Verwundeten mitgeschleppt. Keine Sekunde waren Zweifel daran aufgetaucht, daß ihre Kameraden sie herausholen würden.

Etwa gleichzeitig mit der Kampagne im südlichen Arakan ging hier, an der Zentralfront, ein ähnlicher Test zu Ende. Ersonnen von Feldmarschall Wavell und Orde Ch. Wingate zu einer Zeit, als Burma endgültig verloren schien. Brigadier Orde Ch. Wingate war ein taktisch etwas unkonven-

Joseph W. Stilwell
während
einer Marschpause

tionell denkender Militär. Wavell erhoffte sich von ihm ein ähnlich brauchbares Konzept für die Rückeroberung Burmas, wie es der Amerikaner Stilwell mit den von ihm trainierten chinesischen Soldaten, der »Yoke-Force«, plante.

Wingate und Wavell kannten sich länger als ein Jahrzehnt. Wavell schätzte an dem Jüngeren vor allem die Fähigkeit, sich von den Bücherweisheiten der Kriegführung zu lösen, kühne Ideen zu entwickeln und damit überraschende Erfolge zu erzielen. Zum erstenmal war Wingate im britischen Mandatsgebiet Palästina bei der Bekämpfung arabischer Terroristen aufgefallen. Damals hatte er aus englischen Soldaten und jüdischen Siedlern Selbstverteidigungseinheiten bilden lassen, die »Special Night Squads«, und damit entscheidend zur Sicherung jüdischer Ansiedlungen beigetragen.

1940 dann sah der äthiopische Kaiser Haile Selassie sein Land durch den Angriff der Italiener bedroht. Wingate, der von England zu Hilfe geschickt wurde, gründete eine von den Strukturen stehender Heere abweichende Kampfeinheit unter der Bezeichnung »Gideon Force«. Damit knüpfte er bewußt an die Legende an, nach der jener Gideon aus Manasse mit den dreihundert Kämpfern seiner »Gideon-Schar« die Midianiter besiegte.

Als Wavell ihn konsultierte, um taktische Aspekte der Rückeroberung Burmas abzuwägen, machte Wingate ihn auf die entscheidenden Schwächen der Japaner aufmerksam: ihre weit auseinandergezogenen Kräfte und die damit verbundene Anfälligkeit ihrer logistischen Verbindungen.

»Nimm denen, die am Chindwin liegen, für ein paar Wochen den Nachschub, und sie werden an Hunger oder Skorbut sterben«, prophezeite er. »Selbst wenn er noch Munition hat, kann ein vom Hunger geschwächter Soldat nicht mehr schießen. Vor dem Visier lösen sich die Konturen des Ziels in tanzende Schatten auf. Du bekommst das von ihm besetzte Territorium so gut wie kampflos in die Hand.«

Wavell hielt das für ein bißchen vereinfacht. Aber da er Wingate als einen Mann kannte, der Widerspruch nicht schätzte und sich sofort verschloß, wenn er vermutete, jemand zweifle an seiner Kompetenz, erkundigte er sich lediglich: »Sag mir, mit welchem Mittel du die Logistik unterbrechen willst. Air Force?«

»Bomben reichen da nicht aus«, gestand Wingate. »Die Ziele liegen weit verstreut, außerdem haben wir noch nicht genug Maschinen. Nein, was wir brauchen sind Fernpatrouillen, die hinter den japanischen Linien für Chaos sorgen. Unabhängig voneinander nach einer zentralen Planung operierende Guerillatrupps, die Straßen sprengen, Bahnlinien, Depots – unsichtbare Läuse im Pelz des Bären ...«

»Du weißt, wieviel Sprengstoff ein Mann durch den Dschungel schleppen kann? Zusammen mit Gewehr, Munition, Haumesser, Schlafdecke ...?«

Wingate wandte ihm sein scharf geschnittenes, fast asketisch anmutendes Gesicht zu. »Da hast du eine Aufgabe für die Air Force. Man wird lernen müssen, im Bedarfsfalle ganze Armeen aus der Luft zu versorgen. Genug Maschinen müssen einfach beschafft werden. Also – warum nicht einzelne Stoßtrupps, die im japanischen Hinterland operieren?«

Der Gedanke war geboren und führte zur Gründung einer Einheit, die Wingate, der eine Schwäche für klingende Namen hatte, zunächst »Long Range Penetration Group« nannte, Fernpatrouille. Die offizielle Bezeichnung lautete, um den Gegner zu täuschen, »77. Indische Infanteriebrigade«. Wingate suchte die geeigneten Leute nach seinen Kriterien selbst aus. Zähe, bei Entbehrungen nicht aufsteckende Soldaten mit guten Kampfeigenschaften und vielseitigen Fähigkeiten. Er fand sie im Kings Liverpool Regiment, einer tropenerfahrenen Truppe, bei den Gurkha Rifles und schließlich in der 142. Commando-Kompanie, einer Spezialeinheit, die schon seit einiger Zeit diese Art Kampfführung trainiert hatte.

Weil es sich um Burma handelte, das zu befreien war, wählte Wingate nach langem Überlegen ein Symbol für die Truppe, das dem Land entsprach: den Chintay, jenes mythologische Fabeltier aus Adler und Löwe, das man als steinernen Wächter vor jedem burmesischen Buddhatempel fand. Die »Long Range Penetration Group« nannte sich nun mit einigem Stolz »Die Chindits«.

Die Gründung der vorerst etwa ein Regiment starken Truppe vollzog sich um die Mitte des Jahres 1942, unter dem Eindruck der Niederlage in Burma. Im tiefen indischen Hinterland begann Orde Ch. Wingate mit einer umfassenden Ausbildung, die Dschungeltraining ebenso einschloß wie die Berechnung von Sprengsätzen und manches andere.

Wavell hatte die Absicht, den Einsatz der Chindits mit einem gleichzeitigen Angriff zu koordinieren, den General Stilwell von Yünnan aus nach Nordburma führen sollte. Aber gegen Ende Januar 1943 wurde klar, daß Tschiang Kaishek dazu seine Einwilligung versagte. Er setzte alles daran, seine Truppen nicht direkt für britische Interessen kämpfen zu lassen. Eine kurzsichtige, von nationalem Egoismus geprägte Verhaltensweise dieses ohnehin nicht sehr bequemen Verbündeten, an der sich nicht zuletzt Stilwell nach und nach aufrieb. Aber Wavell hatte sie als Realität einzukalkulieren. Er sprach mit Wingate, und der war dafür, das Unternehmen nicht länger aufzuschieben. Seine Truppe war einsatzbereit.

In Imphal wurden die Chindits in sieben Kolonnen aufgeteilt, von denen jede unabhängig kampffähig war. Sie lagen in ihren Quartieren und vertrieben sich die Zeit bei Poker und Biertrinken, während ihr Kommandeur Wingate ein letztes Mal mit Wavell konferierte. Die beiden setzten den Abmarsch der Chindits in Richtung Osten für den 7. Februar fest.

Am frühen Morgen dieses Tages waren die Kolonnen schon zwischen Palut und der burmesischen Grenze unterwegs, etwa auf der Höhe von Tamu. Dort lag das Kabaw-Tal, und dort hatten die Japaner ihre vordersten Posten. Man würde, nachdem die Gegend von der Air Force aufgeklärt worden war, zwischen den Posten hindurchschlüpfen. Das würde gelingen, wenn man an verschiedenen Stellen zwei nebeneinander liegende japanische Posten bei Nacht geräuschlos überwältigte. Diese Lücke in der lockeren Vorpostenlinie würde genügen, um eine Kolonne durchzuschleusen. Zu diesem Zweck waren bereits in der Nacht Spezialkommandos aufgebrochen, Messer oder die Drahtschlinge waren ihre einzigen Waffen. Um den Gegner zu täuschen, hatte bereits drei Tage zuvor eine besonders geschulte Gruppe Gurkhas etwa siebzig Kilometer südlich von Tamu die dünne japanische Linie sehr auffällig durchbrochen und war in Richtung Chindwin verschwunden. Die Japaner fielen auf die Täuschung herein und verlegten eilig Reserven an die vermeintliche Durchbruchstelle. Doch da geschah nichts mehr.

Dafür inszenierten Einheiten der 23. Indischen Division noch weiter südlich, an der Übergangsstelle Kalewa, ein mächtiges Spektakel. Das alles lenkte die Aufmerksamkeit von der Hauptstoßrichtung der Chindits zunächst ab und ermöglichte ihnen, gruppenweise den Chindwin zu überqueren und ostwärts in das bergige Dschungelland zu verschwinden.

Zusammengenommen waren es weit über fünfhundert Männer, die in von den Japanern besetztes Territorium vorstießen. Wild anmutende Gestalten, mit Waffen und Munition behängt, entschlossen, es selbst mit dem Teufel aufzunehmen. Sie verstanden ihr Handwerk, konnten sich im Dschungel bewegen, ohne nennenswerte Spuren zu hinterlassen. Ja, sie waren sehr gut in der Lage, irreführende Spuren zu legen. Im Kampf ließen sie es nicht auf größere Zusammenstöße ankommen. Sie operierten lautlos, wenn sie einen gegnerischen Posten ausmachten, töteten ihn, ehe er begriff, was vorging. In einigen Dörfern erdrosselten sie nachts die japanischen Besatzer so unbemerkt, daß sie anschließend die Einwohner wecken mußten, um ihnen klarzumachen, daß es besser sei, nicht bis zum Eintreffen einer Strafexpedition zu warten.

Minuten nach einem solchen Überfall waren die Kämpfer meist mit ihren Mulis, die die Lasten beförderten, wieder im Dschungel untergetaucht. Sie litten Hunger und Durst, konnten nur selten rauchen, und Schlaf konnte man die kurzen Ruhepausen, die sie sich gönnten, eigentlich nicht nennen. Schlangen und giftige Insekten setzten ihnen zu, sie wurden triefnaß, wenn der Regen niederging, denn meist fanden sie außer unter ihren Zeltplanen keinen Schutz, und das gescheckte Tuch ließ bald den Guß durch. Fieber schüttelte sie, und die wundgelaufenen Füße machten jeden Schritt zur Qual. Ihre Körper waren zerkratzt und von Insekten zerbissen. Blutegel fanden jedes Stückchen nackte Haut und sogen sich daran fest. Aber sie marschierten, ohne sich zu schonen.

Wingate hielt sich stets bei einer der Kolonnen auf, aber niemand wußte genau bei welcher. Doch jeder der Männer, die ihren Mulis die Stimmbänder hatten durchtrennen lassen, damit die Tiere nicht schrien, war über das erste Ziel der Aktion informiert: Die am weitesten westlich von Rangoon verlaufende Eisenbahnstrecke zwischen Mandalay und Myitkyina an möglichst vielen Stellen zu sprengen und damit den Nachschubweg der Japaner empfindlich zu treffen.

Eine Kolonne, die weit im Süden vorging, hatte die Aufgabe, den Gegner bei Schwebo zu beschäftigen. Wingate sollte nach Lage der Dinge entscheiden, ob über die Mandalay-Myitkyina-Bahnlinie hinaus ostwärts vorgestoßen werden konnte, über den Irawadi hinweg, um auch die östliche Gabelung der Bahn, zwischen Mandalay und Lashio, zu zerstören.

Japans Führung konnte sich aus den hektischen Meldungen zunächst kein klares Bild machen. Selbst ihre Luftaufklärung entdeckte jenseits der indischen Grenze nichts, was auf einen größeren Angriff hindeutete. Was also bezweckten die offenbar unabhängig voneinander operierenden Kampfgruppen, die die Front durchbrochen hatten?

Abenteuerliche Gerüchte, von Wingate ersonnen und von burmesischen Vertrauensleuten geschickt ausgestreut, machten die Runde. Am glaubwürdigsten schien die Geschichte, die Engländer hätten bei ihrem Rückzug im Vorjahr einen Goldschatz aus Rangoon mitgenommen, diesen aber im Dschungel zwischen Irawadi und unterem Sittang zurücklassen müssen. Jetzt wollten sie ihn holen.

Eine der sieben Kolonnen wurde von aufmerksamen japanischen Spähern nach etwa 100 Kilometern in einen Hinterhalt gelockt und fast völlig aufgerieben. Trotzdem fanden die Japaner nichts heraus, was ihnen Aufschluß hätte geben können.

Eine zweite Kolonne legte die Hälfte der etwa 250 Kilometer Luftlinie betragenden Entfernung bis zur Bahnstrecke ohneVerluste zurück. In einem freien Geländeabschnitt wurde sie dann plötzlich massiv von allen Seiten angegriffen und mußte sich in kleinen Trupps zurückziehen. Auf sich gestellt, versuchten diese nun, das Ziel doch noch zu erreichen. Hinter ihnen massakrierten die Japaner ein paar zurückgelassene Schwerverwundete, nachdem sie von ihnen das wohlfeile Gerücht über den Goldschatz gehört hatten. Sie vermuteten, daß sich hier eine ganze britische Division bewegte, und sie hegten den Verdacht, die Chinesen würden aus Yünnan heraus südwärts vorstoßen, um sich mit den eingedrungenen Briten zu vereinigen. Sie kamen der Wahrheit recht nahe, zumal es in ihren Aufklärungsergebnissen sogar Anzeichen dafür gab. Tschiang Kai-shek allerdings dachte nicht daran, seine Truppen in Marsch zu setzen. Aber es gab im nördlichsten Zipfel Burmas, in Grenznähe zu Yünnan, die beiden britischen Stützpunkte Sumprabum und Fort Hertz, die Japans Truppen nicht erobern konnten. Das Gelände und die geschickt in den Bergen organisierte Gegenwehr hatten dort ein weiteres Vordringen unmöglich gemacht.

Beide Stützpunkte, von denen aus Guerillas der Kachin-Nationalität einfallsreich kämpften, wurden aus der Luft versorgt. Die Japaner hatten dort schon viele Soldaten verloren. Wie es hieß, wurde die Bevölkerung von amerikanischen Offizieren angeleitet und mit Kriegsmaterial auch über Yünnan versorgt.

In Wirklichkeit waren zu dieser Zeit erst wenige amerikanische Offiziere als Berater der Guerillas um Fort Hertz und Sumprabum im Einsatz. Schon seit vielen Jahren lebten aber amerikanische Missionare in den entfernten Siedlungen. Und im Laufe der Zeit war es ihnen gelungen, ein sehr gutes Verhältnis zu den Einheimischen aufzubauen. So fiel es ihnen nicht allzu schwer, ihre »Schäfchen« gegen die japanischen Eroberer zu mobilisieren, und zwar auf ihre ganz spezielle Art. Nicht in Kompanien und Regimentern, sondern in entschlossenen kleinen Gruppen, die ebenso schnell wieder untertauchten, wie sie zugeschlagen hatten. Anfangs kämpften sie meist noch mit Pfeil und Bogen, die sich als bemerkenswert wirksame Waffen im Dschungel erwiesen. Nach und nach hatte General Stilwell für eine modernere Ausrüstung gesorgt. Auf dem Luftwege kamen Feuerwaffen, Munition, Sprengstoff, Funkgeräte und Nahrungsmittel. Frank Merrill, ein US-Brigadegeneral mit erheblichen Erfahrungen in China, der den Mut der Guerillas bewunderte, entsandte Instrukteure zu ihnen, die sie militärisch und waffentechnisch anleiteten. Dann griff er selbst mit einem Kontingent amerikanischer Soldaten in ihren Kampf ein. Es waren Freiwillige, und sie wurden nach ihrem Kommandeur »Merrills Marauders« genannt (Merrills Marodeure). Sie kämpften zumeist in operativer Abstimmung mit den einhei-

General Stilwell – von vielen auch »Essig-Joe« genannt, da er nur selten lächelte – war wegen seiner ausgezeichneten Fähigkeiten sehr beliebt

mischen Guerillas hinter den feindlichen Linien. Man unterstützte sich gegenseitig, und die Aktionen setzten dem Gegner immer mehr zu.

Die Japaner konnten sich anfangs einfach nicht erklären, wie unausgebildete, analphabetische Bergbewohner plötzlich mit optischem Zielgerät an leichten Granatwerfern oder mit Zeitzündern an Sprengladungen umzugehen verstanden. Sie wußten weder etwas von Merrill noch von Wingate.

Frank Merrill, ein West-Point-Absolvent wie Stilwell und mit diesem befreundet, vertrat schon lange ähnliche Auffassungen über unkonventionelle Kriegführung wie Wingate. Und er war dabei, sie ebenfalls anzuwenden.

Vierzehn Tage hatte Wingate gebraucht, um an die Bahnlinie Mandalay – Myitkyina heranzukommen. Diese Möglichkeit hatten die Japaner niemals in Betracht gezogen, denn ihrer Meinung nach lag das Gebiet außerhalb der Reichweite der britischen Truppen. Lediglich Flugzeuge konnten gefährlich werden. Deshalb war die Strecke auch nur punktuell mit Posten gesichert, ein Umstand, der den Chindits ihre Aufgabe erleichterte, als sie zerschunden, ausgehungert, mit faulenden Uniformfetzen bekleidet an vielen Stellen aus dem Dschungel heraus die Gleise erspähten.

Innerhalb einer Nacht sprengten sie an fünfundsiebzig Stellen, über eine Entfernung von etwa fünfzig Kilometern, Brücken und Felshänge. Stundenlang hallte das Echo der Detonationen durch die Berge, zerbarsten Schienen, Schwellen, Brückenpfeiler. Bis die Japaner begriffen, was geschehen war, befand sich Orde Ch. Wingate mit seinen Chindits bereits meilenweit entfernt in Richtung Osten. Und während die japanischen Suchtrupps nach Westen ausschwärmten, weil sie die Dynamiteros auf dem Weg nach Indien wähnten, versammelte Wingate in einer Felsgrotte östlich der zerstörten und auf Monate unbefahrbar gemachten Bahnlinie die Führer der noch intakten Chinditgruppen und plante den Übergang über den Irawadi.

Der Abschnitt südlich von Katha mit seinen flachen Stellen eignete sich dafür am besten. Noch einmal lag vor den Chindits eine Entfernung, wie sie sie seit der indischen Grenze zurückgelegt hatten.

Tim Slivers empfand es schon beinahe als Routine, mit zwei weiteren »Hurricanes« Luftsicherung zu fliegen, wenn die beiden C-47-Transportmaschinen Nachschub für die Chindits abwarfen. Die Entfernung wuchs von Tag zu Tag. Ab und zu tauchten gegnerische Jäger auf, aber die Japaner schienen hier im Norden nur wenige Maschinen stationiert zu haben. Sie wurden wohl an anderen Fronten ihres ausgedehnten Okkupationsgebietes zu stark gefordert. Und außerdem waren ihre Verluste insgesamt sehr hoch gewesen. Das machte sich auf solchen Randschauplätzen, wie es Burma gegenwärtig noch war, bemerkbar.

Auch diesmal klappte alles reibungslos, als die C-47 weit über den Irawadi hinausflogen und dann über dem mit Rauchzeichen markierten Zielgebiet ihre Last abwarfen. Während Slivers den Abwurf beobachtete, sah er es plötzlich am Rande der markierten Stelle aufblitzen. Kein Zweifel, dort unten wurde gekämpft. Slivers kurvte ein und ging tiefer hinunter. Plötzlich zogen neben seiner »Hurricane« die Fäden von Rauchspurgeschossen vorbei.

»Sie haben sie!« rief er über das Bordmikrofon seinen Kameraden in den beiden anderen »Hurricanes« zu. Doch die hatten die Vorgänge am Boden ebenfalls schon bemerkt. Wie auf Kommando stießen die »Hurricanes« auf die Granatwerferstellungen der Japaner hinab. Sie zerschossen einiges Gerät und schüchterten die MG-Besatzungen ein, so daß die Chindits das Abwurfgut bergen konnten. Schließlich zwang sie ihr sinkender Kraftstoffvorrat zum Abdrehen.

Wingates Männer hatten zwar den Irawadi glücklich überquert, doch damit waren ihre Schwierigkeiten keineswegs geringer geworden. Die Japaner wußten nun, was vorging, und zogen Truppen zusammen, die Jagd auf die Chindits machten.

All das geschah zu einer Zeit, als die Folgen des Marsches, das Klima und die Wasserknappheit den Chindits immer stärker zu schaffen machten. Der Monsun nahte, und in den Ebenen stieg die Temperatur bis auf vierzig Grad. Hitzschläge häuften sich. Mühsam schleppten die Männer sich und ihre Waffen durch den Tag, um in der etwas kühleren Nacht endlich eine Stunde ruhen zu können. Wingate sah die Kampffähigkeit seiner Truppe unter die kritische Grenze sinken. Eine Entscheidung stand an. Man war schließlich tief im Hinterland des Gegners, und dreihundert Kilometer Luftlinie waren für den Rückweg zur Basis einzukalkulieren.

Wingate rief die Anführer der Trupps zu sich. Nur ein paar hohe Teakbäume boten den Versammelten etwas Schatten. In das nächste Dorf zu gehen, traute man sich nicht, dort war ein Posten der Japaner ausgemacht worden. Selbst wenn man ihn überwältigte, so würde es doch beim Gegner Alarm geben, man würde wieder gejagt werden. Ringsum waren die Gebirgskämme klar zu erkennen, ein Zeichen dafür, daß die Hitzeperiode noch lange nicht zu Ende war. Aber danach würde das Wasser des Monsuns buchstäblich vom Himmel stürzen.

»Genau besehen schlagen sich die Japaner mit dem gleichen Problem herum«, gab einer der Anführer zu bedenken, als Wingate die Frage eines vorzeitigen Rückzuges aufwarf. Die anderen schwiegen. Sie waren es gewöhnt, ihren Männern fast Unmenschliches abzufordern, um die Aufgabe zu erfüllen. Aber sie mußten einsehen, daß sich allein in den letzten Tagen die Zahl der Kranken verdoppelt hatte.

»Wir können die Strecke erreichen«, erwog Wingate. »Aber selbst wenn es uns gelingt, die Sprengsätze noch anzubringen, fehlt uns danach die Kraft für den Rückmarsch. Erfolg, nur um anschließend unterzugehen? Können wir das verantworten? Ist das klug? Krieg führt man, um als Sieger zu überleben. Wir haben viel erreicht. Unsere Erfahrung ist für die weitere Kriegführung so wertvoll wie Diamanten. Wir sollten den Rückzug antreten, schon im Interesse weiterer Aktionen dieser Art. Ich will Meinungen hören.«

Eigentlich war es nicht seine Art, Unterstellte zu konsultieren. Man kannte ihn als eigenwilligen, ja starrsinnigen Verfechter seiner Ideen, als einen Mann, der so schnell nicht aufgab. Aber – dies war keine der gewohnten Methoden, Krieg zu führen. Und Wingate war kein Hasardeur. Hier ging es tatsächlich ums Überleben. Nur das würde den Erfolg der Aktion perfekt machen.

Einer nach dem anderen stimmten die Männer ihm schließlich zu. Allerdings war Wingate überrascht, als einige von sich aus feststellten, man könnte frisch und munter hier stehen, wäre man nicht marschiert, sondern von C-47 abgesetzt worden. Wingate hatte diese Möglichkeit auch schon erwogen. Gerade in den letzten Tagen war ihm klargeworden, daß ein neuer Einsatz ganz anders organisiert werden müßte. Deshalb entgegnete er: »Ein Gedanke, über den wir sprechen werden, wenn wir hier raus sind. Und um das tun zu können, müssen wir umkehren!«

Auf verschiedenen Routen traten die Gruppen den Rückzug an. Die meisten erreichten den Chindwin und konnten ihn in der Nähe von Sittaung überqueren. Andere kreuzten ihn weiter nördlich. Und es gab kleinere Gruppen, die mit Wingates Billigung den Weg ostwärts einschlugen, um nach Yünnan zu gelangen. Dort wurden sie von den Chinesen stürmisch begrüßt und nach einigen Tagen mit Maschinen von Chennault nach Imphal ausgeflogen.

Ein Drittel von Wingates Männern kehrte nicht zurück. Sie fanden im Dschungel oder im Bergland von Nordburma den Tod. Im Juni, als der Monsun das Land förmlich unter Wasser setzte, meldete sich Wingate bei Wavell zurück. Sein Bericht veranlaßte den Feldmarschall, eine spezielle Meldung an Premierminister Churchill zu senden. Als Folge kam aus London der Befehl, Wingate sofort nach England in Marsch zu setzen. Dort sollte er sich bei Winston Churchill melden.

Wavell kannte die Überlegungen seines Premiers, die Kommandostruktur der alliierten Truppen in Asien und im pazifischen Raum den neuen Verhältnissen anzupassen. Er selbst war seit langem überzeugt, daß sich mit den alten Strukturen eine Vorwärtsstrategie gegen die Japaner nicht entwickeln ließe. Wingate würde sich in diesem Sinne äußern. Und es war bekannt, daß Churchill die Überlegungen erfahrener Frontoffiziere nicht in den Wind schlug.

Sergeant Bill Learson, dazu auserwählt, mit ein paar Leuten seines Zuges der 142. Commando-Kompanie die Versprengten abzuholen, denen die Kraft fehlte, den Chindwin zu überqueren, hatte die Kranken und Verwundeten zusammengeholt. Nun wartete er auf die C-47, die sie zurückbringen sollte. Doch als aus der Ferne leises Motorengeräusch zu hören war, schlugen in der Nähe die ersten Werfergranaten ein. Die Japaner hatten den Trupp aufgespürt.

»Red« Learson handelte blitzschnell. Er ließ alle noch einigermaßen kampffähigen Männer an der provisorischen Landepiste ausschwärmen. Jeder mußte soviel Munition mitnehmen, wie er tragen konnte. Und dann hieß es feuern, was das Zeug hielt. Es ging um Minuten. Über sein Funkgerät rief Learson den Piloten. »Wir werden beschossen. Die Piste ist frei. Landen! Unbedingt! Wir schaffen es!«

Der Pilot flog nicht zum ersten Mal über besetztem Gebiet. Und er gehörte zu denen, die nie einen Kameraden im Stich gelassen hätten. Zu seinem Kopiloten sagte er knurrig: »Egal, wenn sie uns zusammenschießen, dann haben wir Pech gehabt. Fahr das Fahrwerk aus!«

Learsons Rechnung ging auf. Ihr Feuer hielt die Angreifer am Boden, bis die Maschine ausgerollt war, gedreht hatte und die Tragen mit den Verwundeten verladen waren. Dann gab Learson das Signal zum Rückzug. Nun stießen die beiden sichernden »Hurricanes« herab, und während Learsons Männer sich zum Flugzeug zurückzogen, beschossen sie die Japaner aus ihren Bordkanonen. Die Motoren der C-47 heulten auf, dann rollte die Maschine an und hob ab. Bis auf ein paar Löcher im Rumpf und die wenigen Verletzten, die es kurz vor der Rettung noch gegeben hatte, fand die Aktion einen glücklichen Ausgang.

Pilot Slivers flog weiter Jagdschutz. Meist für C-47, aber auch für modernere Bomber, die Mandalay oder Myitkyina angriffen.

Einmal durchsiebte eine »Zero« mit ihren Maschinengewehren seine Tragflächen, aber er schaffte es bis zum Flugplatz zurück. Dort teilte ihm der L-1-Pilot Saunders schmunzelnd mit: »Demnächst bekomme ich endlich ein richtiges Flugzeug! Eine ›Mosquito‹. Fabrikneu. Dann kann ich Fernaufklärung fliegen. Nichts mehr Gartenbesichtigung, wie mit der alten L-eins.«

Bill Learson mußte nach der Rettungsaktion mit einigen anderen Kranken ins Lazarett. Fieber schüttelte ihn, und als er entlassen wurde, sah er im Gesicht so gelb aus, daß die Kameraden ihn aufzogen. Nach drei Tagen Rekonvaleszenz bekam er den Befehl, an einem Kursus für Fallschirmspringer teilzunehmen. Die meisten Kameraden von seinem Zug traf er dort wieder.

Etwa zur gleichen Zeit beantwortete Orde Ch. Wingate in London die Frage Winston Churchills nach dem Erfolg seiner Mission: »Sir, wenn wir den Japanern Burma wieder abnehmen wollen, müssen wir mit Fallschirmen Stoßtrupps in ihrem Hinterland absetzen und aus der Luft versorgen. Wir müssen sie das Hinterland der Japaner buchstäblich in Flammen setzen lassen. Die japanische Okkupation wird daran zerbrechen. Für uns ist das eine bisher nicht geübte Art der Kriegführung, aber wir haben allen Grund, uns ihrer zu bedienen.«

Churchill sah sein Gegenüber versonnen an. Wie es schien, war dieser Mann von seiner Idee der unkonventionellen Kriegführung besessen. Aber er und auch andere hatten bewiesen, daß diese Art zu kämpfen Erfolg brachte. Junge, furchtlose Offiziere wie dieser würden den Sieg über Japan erringen können.

In wenigen Tagen wollte Churchill eine Reise nach Kanada antreten, um sich in Quebec mit Roosevelt zu einer Konferenz zu treffen. Dort sollten weitreichende Beschlüsse für die Kriegführung gefaßt werden. Es ging um das Mittelmeer, die zu planende Landung an der französischen Küste und um die Kämpfe in Asien. Im Mittelpunkt sollten die neu zu schaffenden gemeinsamen Kommandostrukturen und die Koordinierung der militärischen Aktionen stehen.

»Sind sie verheiratet?« fragte der Premier Wingate plötzlich.

Der antwortete verblüfft: »Ja, Sir.«

»Ihre Frau soll sich für eine Reise bereitmachen. Und Sie selbst tun das auch. Sie begleiten mich.«

Wingate war in höchster Verlegenheit. Seine Frau hielt sich weit von London entfernt auf einem Landsitz der Familie auf. »Sir, meine Frau lebt in Schottland«, bemerkte er zögernd. »Wir haben uns seit Kriegsbeginn nicht mehr gesehen.«

Für Churchill bestand da kein Problem. »Sie werden sie an Bord eines Schiffes wiedertreffen«, verriet er Wingate und ließ sich die Adresse geben.

Ein paar Stunden später erschien ein Polizeiauto vor dem Haus der Wingates, und Mrs. Wingate mußte schnell einen Koffer packen. Die Polizei brachte sie zum Firth of Clyde, von wo die »Queen Mary« mit der Entourage Churchills nach Kanada auslief.

Wingate traf seine Frau schon in der Kabine an.

Admin-Box

»Sie haben uns im Sack«, stellte Lance Corporal Eric Tomlin sachlich und ohne Erregung fest, als er vom Fuße eines Hügels zurückkam, den sie der Einfachheit halber mit einer Nummer bezeichneten.

Die Hügel umringten das Stück Land mit den ausgetrockneten Reisfeldern und dem Dschungel dazwischen, der nicht gerodet worden war. Ein General hatte es eine Suppenschüssel genannt. Drei Quadratkilometer zwischen den hohen Gebirgsketten im Süden von Arakan. Vom Osten einigermaßen zugänglich auf dem Landweg von Taung Bazar her oder auch über den Ngakyedauk-Paß im Westen. Den unaussprechlichen Namen hatte ein findiger Kommandeur im einfachsten Armeeslang als »Okeydoke-Paß« populär gemacht, damit sich die Soldaten nicht bei jeder Meldung die Zunge brechen mußten. Aber die Gegend ließ sich auch gut anfliegen und eignete sich hervorragend als Abwurfplatz für Versorgungsgüter. Ein kleiner Hügel in der Mitte machte sie unverwechselbar.

»Wer hat was im Sack?« Der Gurkha Nugung, seit Beginn des Feldzuges mit Tomlin zusammen, hatte unter einem der abgestellten Panzer im Schatten gelegen. Jetzt kroch er hervor und rieb sich die Augen.

»Die Japaner uns. Sie stecken schon in den Hügeln ringsum. Nur auf Okeydoke zu soll es noch einen Durchschlupf geben.«

Der Gurkha zündete seine Pfeife an. Noch waren sie gut versorgt. Das würde auch so bleiben, denn diesmal war die

Air Force mit voller Kraft dabei. Anders als beim letzten Mal, als man nicht mal Wasser zu trinken bekam und die Leute haufenweise an Hitzschlag umfielen. Das letzte Mal hatten die beiden Burma beim Rückzug gesehen. Seitdem hatten sie mehrere Umgruppierungen mitgemacht, waren geschult worden, und zuletzt hatte man die beiden Soldaten dem Sicherungstrupp des Stabes der 7. Division zugeteilt. Die erste Arakan-Operation hatten Tomlin und Nugung nicht mitgemacht.

Offiziell hieß der Ort, in dem sie lagen, Sinzweya, nur gab es ihn nicht mehr. Die Einwohner waren schon zu Beginn der japanischen Besatzung geflohen, die Häuser zerfielen oder waren zerschossen. Deshalb hieß die Stellung auf den Stabskarten auch nicht mehr Sinzweya. Aus der technischen Bezeichnung »Administrative Base«, die den Stab kennzeichnete, war in der vereinfachten Sprache des Militärs »Admin Box« geworden, nachdem die Japaner sie umfaßt hatten.

Daß man überhaupt bis hierher gekommen war, hing mit der neuen, offensiven Strategie des S.E.A.C. zusammen, das im August 1943 unter Admiral Louis Mountbatten geschaffen worden war und die Rückeroberung der verlorenen Gebiete durch die Alliierten koordinierte. South East Asia Command – Oberkommando für Südostasien. Neue Armeen waren aufgestellt worden, Landungsfahrzeuge, wenngleich noch wenige, erreichten Indien auf dem Seeweg, und etwa fünfhundert neue Flugzeuge standen inzwischen zur Verfügung. Vor allem der von der amerikanischen Firma Vultee für England gebaute Sturzbomber »Vengeance«, ein Zweisitzer mit vier Maschinengewehren in den Tragflächen und einem weiteren für den Beobachter. Eine leistungsfähige Maschine mit bis zu 1200 Kilometer Reichweite und einer respektablen Bombenlast. Dazu kamen Transportflugzeuge in großer Zahl, deren Besatzungen in Indien im Abwurf von Versorgungsgütern und ganzer Divisionen an Fallschirmen trainiert worden waren. Jetzt übten sie unter strikter Geheimhaltung den Schlepp von Lastenseglern.

Darauf legte besonders General Stilwell Wert, Mountbattens Stellvertreter im Kommando. Gleichzeitig blieb er Stabschef Tschiang Kai-sheks, hatte den Oberbefehl über alle amerikanischen Truppen an der China-Burma-Indien-Front sowie das Kommando über das sogenannte Nordkontingent. Diese inzwischen gewachsene amerikanisch-chinesische Streitmacht baute an der Ledo-Straße und rückte mit jedem fertigen Kilometer näher an die japanischen Gruppierungen im Norden heran, die auf dem Weg nach Lashio lagen.

Selbst so skeptische Soldaten wie Lance Corporal Tomlin hatte gespürt, wie sich die Versorgung der Truppen mit modernen Waffen und schwerem Gerät entscheidend verbesserte. Sogar der Malaria würde man in den für diese Krankheit berüchtigten Dschungelgegenden Zentralburmas bald energisch zu Leibe rücken können. Flugzeuge waren in der Lage, in Gegenden, die die Armee passieren mußte, Insektizide zu versprühen. Man konnte das anlegen, was die Ärzte Hygieneschleuse nannten. Der Krankenstand würde dadurch sinken. Und das war bitter nötig, denn immer noch gab es mehr Ausfälle durch Krankheit als durch Feindeinwirkung.

Mountbatten hatte in den Statistiken gelesen, daß beispielsweise während der ersten Arakan-Operation auf einen Gefallenen 120 Kranke kamen. Atebrinpillen gehörten jetzt bereits zur täglichen Ration jedes Soldaten. Und Mountbatten ließ nichts unversucht, die Kampfmoral auf jede nur mögliche Weise zu heben. Er schärfte den Soldaten ein, sich nicht zurückzuziehen, wenn sich die Japaner durch schnelle Flankenvorstöße zu einem Einschließungsring formierten. »Ihr werdet nie mehr abgeschnitten sein! Alles was ihr braucht, kommt vom Himmel zu euch. Zurückgegangen wird nicht mehr.«

Hatte in der Vergangenheit der Monsun diktiert, ob es auf

dem Kriegsschauplatz Aktivitäten gab oder nicht, so legte Mountbatten jetzt fest:»Wir werden auch zur Monsunzeit marschieren, kämpfen und fliegen. Wenn wir nur sechs Monate im Jahr kämpfen, dauert der Krieg die doppelte Zeit. Wir wünschen aber, ihn schnell zu beenden. Und wenn wir die Japaner auch während des Monsuns angreifen, was sie weder gewöhnt sind noch für möglich halten, werden wir sie überraschen und aufrollen.«

Zur weiteren Stärkung der Kampfmoral rief er eine Soldatenzeitung ins Leben, die »SEAC«. Das Blatt vermeldete am 10. Januar 1944 in großen Lettern, daß der Angriff der 14. Armee in Arakan, der am letzten Tag des alten Jahres begonnen hatte, bereits große Geländegewinne erzielt hatte. Es war der zweite Vorstoß der Engländer in dieses Gebiet. Vorausgegangen waren der neuen Aktion im äußersten Süden Erkenntnisse, die der militärische Aufklärungsdienst der Engländer beschafft hatte. Die kaiserliche japanische Armee hatte ihre ersten Ziele insgesamt erreicht und präparierte sich für die nächste Etappe. Inzwischen hatte sie erkannt, daß England und die Alliierten in Indien ihre Kräfte zum großen Schlag konzentrierten.

Eine Division nach der anderen entstand oder wurde aus Afrika herangebracht. Material türmte sich. Auch Landungsboote, wie die Japaner zu ihrer großen Sorge feststellten. Das hieß, man plante Angriffe auf Küstenzonen. Kein Zweifel, dieser Schlag, den die Alliierten in Kürze an verschiedenen Frontabschnitten zugleich oder abwechselnd führen wollten, wie die Japaner vermuteten, sollte Burma und Indochina gelten. Deshalb entschied das kaiserliche Oberkommando, den Alliierten zuvorzukommen und aus Arakan heraus, später auch an der Zentralfront Stöße nach Indien hinein zu führen, um die Bereitstellungen der Alliierten zu vernichten und Indien zu erobern. Als Datum setzte das Oberkommando das Frühjahr 1944 fest.

Die notwendigen Vorbereitungen liefen an. Allerdings

Vormarsch! Zwei Jahre zuvor war General Stilwell an der Spitze seiner Truppen auf dem Rückzug marschiert. 1944 führte er sie zurück – zur Wiedereroberung Burmas

»Dr. Seagrave ist da!« Ein Zauberruf. Gordon S. Seagrave, ein amerikanischer Arzt, hatte jahrelang in Burma gegen die Volkskrankheiten gekämpft. Nach dem Einmarsch der Japaner schloß er sich den alliierten Truppen an. So mancher Soldat verdankt seiner ärztlichen Kunst das Leben

blieben sie den Engländern nicht verborgen, und Lord Mountbatten handelte blitzschnell. Er konferierte mit General Slim, dem Chef der 14. Armee, und man analysierte die Lage gründlich: Burma ließ sich den Japanern nur vom Norden und Nordwesten her entreißen.

Das erforderte den Übergang über hohe Bergketten und würde mühsam sein. Aber General Stilwell hatte bereits örtlich begrenzte Angriffe im Norden begonnen, die in der Endkonsequenz auf Myitkyina zielten. Das würde ein Arm der Zange werden, in die man die japanischen Okkupanten nehmen wollte. Der zweite Arm würde aus Manipur an der Zentralfront kommen. Hier konzentrierte General Slim den Hauptteil seiner 14. Armee. Obwohl er voraussah, daß die Japaner vermutlich zuerst losschlagen würden, rechnete er sich die besseren Chancen aus, wenn er mit seinen Kräften unvermutet in den gegnerischen Angriff hineinstieß und das Konzept der Japaner durcheinanderbrachte.

Um gewissermaßen den einzigen Rückzugsweg der Japaner, der nach Süden gehen mußte, zu blockieren, entschieden sich Mountbatten und Slim, erneut nach Arakan hineinzustoßen. Dieser Riegel sollte den Japanern nicht nur die Flucht in Richtung Rangoon verbauen, sondern sie auch gleichzeitig daran hindern, auf der Küstenstraße nach Indien vorzugehen.

Der Stoß nach Arakan sollte diesmal nicht allein der Mayu-Landzunge gelten. Man würde gleichzeitig an der Küste, entlang dem Arakan-Gebirge vorstoßen, um auch dort jegliche Möglichkeit für einen japanischen Überraschungsangriff auszuschalten.

Lord Mountbatten gelang, womit die Japaner nicht gerechnet hatten: Er ließ Teile der 14. Armee, verstärkt durch indische und westafrikanische Einheiten, in die Angriffsvorbereitungen des Gegners hineinstoßen und hatte damit zunächst großen Erfolg.

Lance Corporal Tomlin war dabei, als sie Maungdaw besetzten, oder besser die Reste dieser verschlafenen Küstenstadt unweit der einzigen Ost-West-Straße weit und breit, die von Burma direkt ins südliche Indien führte. Ein paar japanische Vorposten, sonst nicht viel Aufregendes. Dann wurde Tomlin zum Stab befohlen, und ein bebrillter

Lieutenant Colonel erklärte ihm auf einer Landkarte, welchen Auftrag er für ihn und den Gurkha habe.

»Hier, zwei Kilometer nordöstlich der Stadt, führt die Straße, die von Chittagong kommt, nach Akyab. Wir werden einen Teil unserer Truppen auf diesem Wege nach Akyab vorstoßen lassen, wie damals. Nur – sehen Sie, hier, bei Razabil, gibt es eine Kreuzung. Die von Südwest kommende Straße führt ins Gebirge, in die Mayu-Kette. Diese Kette ist vor einigen Jahren beim Bahnbau durchtunnelt worden. Die Bahn wurde nicht fertig, aber die Tunnel gibt es. Bequeme Verkehrswege von der einen Seite der Bergkette zur anderen. Und – was entscheidend ist – der Weg durch die Tunnel endet in Buthidaung. Das war einmal der wichtigste Marktflecken in dieser Gegend. Heute gibt es dort nur noch Trümmer. Aber Buthidaung liegt am Mayu-Fluß, auf dem Festland, wie Sie sehen. Wenn die Japaner von Südosten her bis Buthidaung kommen, könnten sie uns, so wie es ihre Art ist, ganz elegant in der Flanke packen und durch die Tunnel sehr schnell nach Razabil vordringen. Damit wären wir vom Hinterland abgeschnitten. Verstehen Sie?«

Tomlin hatte die Gegend schon mehrfach auf der Karte gesehen, die Existenz der Tunnel war ihm nicht neu. Er wollte wissen: »Was genau ist meine Aufgabe?«

Der Lieutenant Colonel richtete sich von der Karte auf. »Wir haben bereits eine Menge Voraustruppen weit auf der Landzunge, aber auch auf dem Festland. Die Japaner versuchen, an ihnen vorbei oder durch sie hindurch in einem großen Bogen vorzustoßen. Ich will wissen, wo das ist.«

Tomlin wrang sein Hemd aus, deckte sich mit den neuen praktischen Versorgungspäckchen ein, füllte die Wasserflasche, prüfte seine neue Sten-MPi, versorgte sich mit Magazinen und ein paar Handgranaten. Dann holte er Nugung unter seinem stählernen Schattendach hervor. »Los gehts, wir machen Krieg. Hast du deinen Kukri?«

Stunden später waren sie in Razabil. Es stank penetrant nach Leichen. Japaner waren nicht zu sehen. Trotzdem schlichen die beiden Späher geduckt durch die Ruinen, verließen die tote Stadt nach Nordwesten hin und erreichten nach mehreren Stunden den Fuß der Mayo-Bergkette. Sie konnten am Ende des ansteigenden Weges schon die beiden dunklen Löcher ausmachen. Tomlin hob sein Fernglas und spähte zum Felsen. Was er sah, war alles andere als erfreulich. Vor jedem Tunnelloch stand einer der kleinen Inselkrieger, in Khaki, mit Wickelgamaschen, Stahlhelm und einem der langen Gewehre mit dem aufgepflanzten Bajonett. Tomlin hatte inzwischen beobachtet, daß Japaner auf Posten stets das Bajonett blank trugen. Vielleicht war das bei ihnen Vorschrift.

Sie hockten hinter Riesenfarnen, und der Gurkha sagte leise: »Nicht mal in Deckung ist der Kerl gegangen. Muß sich sehr sicher fühlen.«

Tomlin hatte inzwischen auch entdeckt, daß die Tunneleingänge verbarrikadiert waren. Damit sank die Chance, Truppen schnell von einer Seite der Bergkette auf die andere zu verlegen.

»Ich vermute, sie stecken massenhaft in den Löchern«, sagte Tomlin. »Bieten sich ja auch als Unterkunft an.«

Die Vermutung bestätigte sich unverhofft, als vor den Eingängen der Tunnel plötzlich Soldaten in kleinen Grüppchen auftauchten und eilig in den dunklen Löchern verschwanden. Nach und nach gewann Tomlin den Eindruck, daß die Tunnel von den Japanern gründlich ausgebaut und nur schwer einzunehmen waren.

Schließlich zog er sich mit seinem Begleiter zurück und meldete nach seiner Rückkehr dem Lieutenant Colonel, was er beobachtet hatte. Der Armeestab entschloß sich daraufhin, eine andere Lösung zu suchen.

Nördlich der Tunnel, an einem besseren Hohlweg, fand man eine weitere Übergangsstelle, den Ngakyedauk-Paß.

Dahinter lag eine Art Talkessel, in den nun der Frontstab mit Teilen der 17. Division und den Kommunikations- und Nachschubtruppen zog. Der Kessel bestand hauptsächlich aus trockenen Reisfeldern und war zwei bis drei Quadratkilometer groß. In der Mitte erhob sich ein kleiner, aber markanter Hügel. Der Platz war für den Abwurf von Nachschub und für die Verteilung auf die Operationsgebiete diesseits wie jenseits der Mayu-Kette gut geeignet. Deshalb hatte die Armee diesen Talkessel als vorgeschobenes Kommando- und Versorgungszentrum gewählt.

Mit ihrer Aktion waren die Alliierten in Arakan einem vorhersehbaren Angriff der Japaner, der die Straße nach Chittagong öffnen sollte, zuvorgekommen. Es war bekannt, daß die Japaner bei ihrem Einmarsch in Bengalen mit Aufständen der Einheimischen gegen England rechneten. So wollten sie ihrerseits die Front hier unten im Süden gleichsam aufreißen und etwa gleichzeitig an der Zentralfront in Manipur angreifen, um die Kräfte der Alliierten zu spalten. Das kaiserliche Oberkommando bezeichnete diesen Plan als »Operation C«. Zu Beginn des englischen Arakan-Vorstoßes war er ein letztes Mal abgestimmt worden, mit dem Ziel, in den Angriff der Engländer hineinzustoßen, hinter ihnen Riegel zu legen und dann ihre relativ ungeschützten Strukturen bis weit nach Indien hinein aufzurollen.

Japans 55. Division, eine im Kampf in den Tropen erfahrene Truppe unter Generalmajor Sakurai, wurde in drei Kampfgruppen aufgeteilt. Oberst Tanahashi, der den ersten englischen Arakan-Angriff zurückgeschlagen hatte, führte das aus vier Bataillonen bestehende Hauptkontingent, die »Kampfgruppe Tanahashi«. Sie sollte an der linken Flanke der 17. britischen Division vorstoßen und hinter ihr den Bogen bis zur Mayu-Kette schlagen. »Kampfgruppe Doi«, etwa zwei Bataillone stark, ging von Buthidaung aus im Bogen nach Westen vor und traf sich am Ngakyedauk-Paß mit Tanahashis Verband. Dadurch wären die britischen

Truppen, die über diesen Paß in den Kessel geschleust wurden, eingeschlossen. Gleichzeitig stieß an Tanahashis Kräften vorbei die »Kampfgruppe Kubo« in Bataillonsstärke weiter westwärts vor, in das Vakuum zwischen den britischen Kampfverbänden und ihrem Hinterland. Ihr Ziel war die Küstenstraße, die von Indien her auf die Mayu-Landzunge führte. Diese Hauptversorgungsader wollten sie bei der Ortschaft Maunghnama sperren und die kämpfenden britischen Truppen damit von jeglichem Nachschub auf dem Landwege abschneiden.

Wenige Tage nach dem Beginn des Gegenstoßes hatten die japanischen Kampfgruppen den Talkessel, in dem sich inzwischen der Stab der 17. Division mit allen Versorgungseinheiten befand, eingeschlossen. Lediglich der Ngakyedauk-Paß war noch passierbar, weil er sehr versteckt lag.

Aber er brachte vorerst kaum Nutzen, weil inzwischen die »Kampfgruppe Kubo« die Nachschubstraße in der Nähe von Maunghnama erreichte, Konvios zusammenschoß, Brücken sprengte und Chaos anrichtete.

Die »Kampfgruppe Kubo« bezog schließlich Stellung an der Straße. Plötzlich waren die alliierten Kampfverbände nur noch aus der Luft zu versorgen. Was die Japaner nicht wußten, Mountbatten hatte mit dieser Möglichkeit gerechnet und Vorsorge getroffen. Die Air Force war auf die Aufgabe blendend vorbereitet.

Um den Kessel entbrannte ein erbitterter Kampf. »Admin-Box« ging in die Annalen der 17. Division als eine heroische Abwehrschlacht ein.

Während von den umliegenden Hügeln japanische Artillerie schoß, verteidigten sich in der »Admin-Box« etwa 8 000 Soldaten, Pioniere, Nachrichtenleute, Mediziner und einheimische Helfer.

Oberst Tanahashi hörte am Abend des Tages, an dem die Einschließung vollendet war, in seinem Zelt die Nachrichten ab. Er trank grünen Tee dabei, rauchte und war gewiß, daß sich mit dieser Einschließung der britische Angriff bereits totgelaufen habe. Tanahashi hatte den Soldatenberuf bewußt gewählt. In seiner Familie war es Tradition, auf diese Weise dem Kaiser zu dienen. Er selbst wäre intelligent genug gewesen, es zu einem Rechtsanwalt zu bringen, aber er liebte nun einmal das Schwert, den Gleichschritt der Soldaten, den Klang ihrer Lieder, und vor allem das Gefühl, Herr des Schlachtfeldes zu sein, wie es gute japanische Tradition war. Deshalb schlug er sich freudig auf den Oberschenkel, als aus dem Radio die siegestrunkene Meldung kam: »Japans Truppen haben die Engländer eingeschlossen. Unser Marsch auf Delhi hat begonnen. Tanahashis Truppen werden binnen einer Woche in Chittagong sein!«

In der »Admin-Box« machte Lance Corporal Tomlin eine unfeine Bemerkung, als er in der Funkstelle den Propagandasender der Japaner in englischer Sprache hörte. »Tokio-Rose«, wie die Sprecherin bei den Soldaten hieß, flötete den britischen Truppen zu: »Warum geht ihr nicht einfach nach Hause? In Burma ist alles vorbei!«

Draußen lag der Gurkha in einem flachen Loch und versuchte zu schlafen. Aber das Geschützfeuer der Japaner riß auch in der Nacht nicht ab.

Und dann dröhnten plötzlich die ersten Flugzeugmotoren über dem Kessel. Die Japaner hatten so ziemlich alles berücksichtigt, nur nicht, daß die Air Force sich auf genau diese Situation sorgsam vorbereitet hatte. Tagesrationen, die für 40 000 Mann zehn Tage lang reichten, lagen auf den Flugplätzen in Bengalen bereit. Jetzt schafften die Flugzeuge sie heran. In die »Admin-Box« und in die Stellungen glitten die Fallschirme mit den Lasten. Die Idee, vorgehende Truppen in diesem Terrain aus der Luft zu versorgen, trug Früchte. Doch auch zu Lande hatte sich General Slim nicht durch den Gegenangriff der Japaner überraschen lassen. Die 26. und die 36. Indische Division hatten bei Chittagong in Reserve gelegen. Neben anderen modernen Waffen konnten diese Entsatztruppen neue amerikanische Panzer vom Typ M-3 »Lee« einsetzen, 26 Tonnen schwere Kampfwagen mit starker Bewaffnung.

Die Air Force setzte aus England herbeigeschaffte neue Jagdflugzeuge vom Typ »Spitfire« ein. Sieben Tage, während die Japaner von den umliegenden Hügeln die »Admin-Box« beschossen, kämpfte in der Luft die 3. taktische Luftflotte gegen die japanischen »Zeros«. Die neuen englischen und amerikanischen Maschinen waren ihnen überlegen. Nachdem über Arakan 65 japanische Jäger abgeschossen worden waren, beherrschten die Alliierten den Luftraum.

Lance Corporal Eric Tomlin, der sich mit dem Gurkha Nugung in der Nähe des Stabsbunkers ein Schützenloch teilte, merkte als erster, daß die Japaner in der Luft verloren hatten. Ein Schwarm C-47 nach dem anderen überflog den Kessel und lud Tonnen von Nachschub aus, der an Fallschirmen herabschwebte.

Eines Nachts schlich der Gurkha sich aus dem Schützenloch und kehrte wenig später mit einem Stapel Verpflegungsrationen aus einem geplatzten Behälter zurück. Zwischen den mit Wachspapier geschützten Päckchen hatte Nugung einen Zettel gefunden. Er hielt ihn Tomlin hin, weil er selbst nicht lesen konnte.

»Solltest dir eine Brille beschaffen«, zog Tomlin seinen Kameraden auf. Der nahm den Spaß schweigend hin, denn auch er hatte seine Art, den Engländer aufzuziehen. Etwa wenn dieser das Stück Toilettenpapier aus dem Päckchen nahm und damit zwischen die Büsche entschwand, dann rief er ihm nach: »Solltest das nur mit der linken Hand tun und sie danach wenigstens waschen!«

Auf dem Zettel stand der Aufruf des Oberkommandos an die in der »Admin-Box« und an einigen anderen Stellen eingeschlossenen alliierten Truppen: »Engländer, Amerikaner, Inder, Australier, Neu-Seeländer, Kanadier und Südafrikaner fliegen 60 Tonnen täglich zu Euch – haltet durch, der Gegner kann uns nicht mehr aufhalten!«

»Schön und gut«, meinte der Gurkha, »aber jetzt laß uns aufteilen, was an Tabak dabei ist.«

An den Riegeln aus komprimiertem Fruchtmark roch er mißtrauisch, bevor er sie anbiß. Aber für Spam, diesen vorwiegend aus Soja bestehenden Fleischersatz, hatte er eine Vorliebe entwickelt, ganz im Gegensatz zu Tomlin. Er aß eine ganze Büchse davon.

Als er gerade seinen Anteil Zigaretten von Tomlin empfangen hatte, kniff er plötzlich die Lider zusammen und starrte auf den Abhang des nächstliegenden Hügels. Dann drückte er Tomlin die Zigaretten wieder in die Hand, griff nach seinem Gewehr, einem leichten amerikanischen Karabiner mit Zielfernrohr. Langsam brachte er ihn in Anschlag, ohne seinen Kopf weiter als unbedingt nötig aus dem Loch zu heben. Tomlin beobachtete ihn schweigend. Man war daran gewöhnt, daß urplötzlich da drüben ein Ziel auftauchte.

Der Gurkha zog den Abzug durch, blickte noch eine Weile durch das Zielfernrohr, setzte das Gewehr wieder ab und verkündete seelenruhig: »An der Stelle dort liegen schon drei. Wollen unbedingt einen Granatwerfer eingraben. Und jetzt gib mir die Zigaretten.« Er riß eine auf und stopfte sich seelenruhig eine Pfeife.

Als nächstes segelte eine Lage 15-cm-Granaten heran, mit gräßlichem Jaulen. Aber sie schlug weit entfernt ein, wirbelte Dreck haushoch, richtete jedoch kaum Schaden an. Es war in dieser Nacht, daß Tomlin und der Gurkha aus ihrem Loch geholt wurden, um zu helfen. Die Japaner griffen in Kompaniestärke einen relativ dicht an den Hügeln im Westen gelegenen Verbandsplatz an. Sie hatten den Angriff gut terminiert.

Als Ärzte und medizinisches Hilfspersonal nach einem harten Arbeitstag in erstickender Hitze und Karbolgestank erleichtert aufatmeten, einen Kaffee tranken oder die erste Zigarette nach Stunden rauchten, schlichen sie heran, töteten die wenigen Posten und stürzten sich auf die Zelte, die das rote Kreuz trugen.

General Messervy, Kommandeur in der »Admin-Box«, beorderte sofort einige Panzer zum Verbandsplatz. Auch aus den Verteidigungsstellungen befahl er jeden entbehrlichen Mann dorthin.

Tomlin und Nugung schlichen geduckt hinter einem »Lee« her, bis sie nur noch ein paar Dutzend Meter von dem Getümmel trennten. Dann gab ein Offizier das Signal zum Angriff.

Vielleicht drei Dutzend Soldaten stürzten sich auf das von den Japanern im Handstreich besetzte Gelände. In der Dunkelheit stolperten sie über Tote und Verwundete. Von den Japanern kam Gewehrfeuer, aber sie wichen aus. Ein paar blieben getroffen liegen, der Rest verschwand zwischen den Büschen am Fuße des Abhanges.

Tomlin erschrak, als sich seine Augen endlich an die Dunkelheit gewöhnt hatten. Da lagen tote Ärzte und Sanitäter neben Verstümmelten. Nur hier und da meldete sich eine schwache Stimme, es gab wenige Überlebende.

»Sie sind wie eine Springflut über uns hereingebrochen«, stammelte ein indischer Verwundeter. »Ich habe mich tot gestellt. Sie stachen mir zwar in die Brust, mit einem Bajonett, aber ich kann atmen.«

Nugung zupfte an Tomlins Hemdsärmel und flüsterte: »Komm, wir kriegen sie, aber wir müssen schnell sein. Du bist Corporal, pfeife ein paar Leute zusammen, die hier sowieso nur unnütz herumstehen.«

Er hatte den Plan, die Japaner auf dem Rückweg in ihre Stellungen zu erwischen.

Gegen Morgen, als das erste rötliche Grau hinter den Hügeln aufstieg, lagen sie zu beiden Seiten des Trampelpfades, den Nugung ausgemacht hatte. Ein Sergeant Major hatte das

Kommando übernommen. Er schickte den Gurkha in die Richtung, aus der der Gegner kommen mußte. Und Nugung machte die Japaner aus. Sie rasteten in einer Senke zwischen dichtem Unterholz. Als sie sich anschickten, den Rückweg anzutreten, schlich er zu dem Sergeant Major zurück, einem Schotten. Der hatte seinen Leuten gesagt, das sei kein gewöhnlicher Hinterhalt, sondern die Rache für die getöteten Ärzte, Pfleger und wehrlosen Verwundeten. In diesen Worten lag die unausgesprochene Vereinbarung, keine Gefangenen zu machen.

Er befahl seinen in Deckung lauernden Soldaten, zu denen auch Tomlin gehörte, die Sicherungsstifte aus den Handgranaten zu ziehen. Und dann hieß es warten. Im ersten grauen Licht, das den Tag ankündigte, waberten gespenstisch anmutende Bodennebel. Die Japaner legten keine besondere Vorsicht an den Tag, sie schnatterten fröhlich durcheinander. Für sie waren die Engländer durch den Angriff auf den Verbandsplatz so geschockt, daß sie kaum etwas riskieren würden.

Sie irrten sich. Als der schottische Sergeant Major Maloney aus dem Morgennebel die ersten Schatten auftauchen sah, gab er das Zeichen.

Ein Hagel von Granaten überschüttete die ahnungslosen Japaner. Und dann begannen die Maschinenpistolen zu rattern. Dies hatte zusätzlich einen psychologischen Effekt, denn die Japaner waren mit Maschinenwaffen weitaus schlechter ausgerüstet. Der Weg nach vorn war blockiert, auch nach hinten gab es keine Chance, und die Wegränder waren so dicht besetzt, daß es nicht einem einzigen Japaner gelang, sich seitwärts ins Unterholz davonzustehlen.

Tomlin schoß kurze Feuerstöße auf hastende Schatten. Neben ihm gab Nugung akkurat gezielte einzelne Schüsse ab. Dazwischen krachten die Detonationen der Handgranaten, verstärkten mit ihrem Pulverqualm den Nebel, bis nach und nach Ruhe eintrat.

Lord Louis Mountbatten besucht Stilwell auf dessen Vormarsch zur Wiedereroberung Burmas. Mountbatten war als Oberkommandierender des Southeast Asia Commands (SEAC) eingesetzt worden und hatte Stilwell, den in Asien erfahrenen, altgedienten amerikanischen Soldaten zu seinem Stellvertreter ernannt

Die Soldaten blieben in ihren Deckungen, bis die ersten Sonnenstrahlen zügig den Bodennebel fraßen. Dann zählten sie die toten Gegner. Es waren 45. Keiner hatte überlebt. Aus den Taschen der Japaner quollen britische Rationspäckchen, Zigaretten, Uhren, Zuckerstückchen – alles auf dem Verbandsplatz gestohlen.

Gegen Mittag wurden die Toten eingegraben. Sergeant Major Maloney hatte im Stab ein Schild anfertigen lassen. Das nagelte er an einen Baum, dessen Krone eine Granate abrasiert hatte. Auf dem Schild stand »Blood Alley«, Blut-Allee.

Im japanischen Oberkommando sah man um den 10. Februar herum lange Gesichter. Der Zeitplan der »Operation C« kam durcheinander. Die Soldaten der drei Kampfgruppen hatten Rationen für sieben Tage bei sich, und die sieben Tage waren um. Aber obwohl die Engländer in der »Admin-Box« und an anderen Stellen eingeschlossen waren, gaben sie nicht auf. Im Gegenteil. Ihre Gegenstöße zeugten von ei-

So entstand im morastigen Dschungel die Ledo-Straße, die den Nachschub von Assam nach China wieder sichern sollte. Zuerst nur ein in die Wildnis gehauener Weg, wurde sie von nachfolgenden technischen Einheiten befestigt, so daß auch schwere Fahrzeuge hier verkehren konnten

ner ungebrochenen Kampfkraft. Ihnen fehlten weder Material noch Verpflegung. Ihre Versorgung aus der Luft klappte hervorragend angesichts der schwindenden Zahl an Jagdflugzeugen auf japanischer Seite. Zudem führte General Slim aus Indien zwei neue Divisionen heran, die das Kräfteverhältnis gründlich verändern würden. Die vorauseilenden Panzer der 26. Division fegten die von der »Kampfgruppe Kubo« blockierte Küstenstraße frei. Dann schwenkten sie nach Osten auf den Ngakyedauk-Paß ein. Die in der »Admin-Box« noch vorhandenen Panzer stießen ihnen entgegen. Sie brachen nicht nur die Umklammerung durch die Kampfgruppen »Tanahashi« und »Doi« auf, sondern drangen sogar südostwärts, zu beiden Seiten der Mayu-Kette vor. Dadurch gerieten nun die japanischen Kampfgruppen ihrerseits in eine Umklammerung. Die Briten brachten nicht nur Panzer mit, sondern auch schwere Artillerie, Granatwerfer und Schwärme von Jagdbombern. An Sammeln oder gar Umgruppieren war nicht mehr zu denken.

Während am Ngakyedauk-Paß Generalmajor Briggs, Kommandeur der 26. Division, mit dem von ihm freigekämpften Messervy feierlich ein Glas Whisky leerte, genossen in der »Box« die Soldaten den von den Befreiern verteilten Rum. Auch Lance Corporal Tomlin und sein Kamerad Nugung waren dabei. »Ich spüre im Urin, daß wir dieses Ding hier gewonnen haben«, stellte Tomlin zufrieden fest.

Er spürte recht. Die zweite Schlacht um Arakan war vorbei. Anders als beim ersten Mal hatten die Alliierten sich nicht nur in ihren eroberten Stellungen behauptet, sie hatte einen beachtlichen Sieg errungen, und zwar mit einer bisher unüblichen Kampftaktik. Für die Japaner führte von Arakan kein Weg nach Indien.

Etwa 7 000 japanische Soldaten waren entweder gefallen oder so schwer verwundet, daß sie für unabsehbare Zeit ausfielen. Britische und indische Truppen, vor allem aber die schwarzen Soldaten aus Westafrika hatten zum ersten Mal die Gewißheit, die gefürchteten Japaner schlagen zu können. Und – die alliierte Luftwaffe hatte bewiesen, daß sie in der neuen Strategie und Taktik der Dschungelkriegführung eine hervorragende Rolle zu spielen imstande war. Die Kombination von Land- und Luftkrieg, sowohl im direkten Kampf als auch besonders bei der Versorgung oder bei der schnellen Verlegung ganzer Truppenteile, erwies sich als exzellentes Mittel gegen die japanische Bedrohung. So gab es sogar weit nördlich, bis ins Tal des Kaladan, alliierte Truppen, die Japans letzte Bastionen in Arakan in die Zange nahmen. Eine ganze Division, die 81. Westafrikanische aus Sierra

Leone, operierte hier, nachdem sie aus der Luft abgesetzt und versorgt wurde.

Gegen Mitte März änderten die Japaner ihre Taktik. Statt die in Arakan eingeschlossenen Einheiten zu entsetzen, versuchten sie, durch Verlagerung des Angriffsschwerpunktes die Engländer zu verwirren, sie zur schnellen Truppenverlegung zu zwingen und Chaos in ihre Reihen zu tragen. Deshalb griffen sie an der Zentralfront an, in Richtung auf die indische Provinz Manipur mit den wichtigen frontnahen Stützpunkten Kohima und Imphal.

Seit Februar hatte es in der gebirgigen Zentralregion mit ihrem selbst in der Trockenperiode höllischen Klima die ersten japanischen Angriffe gegeben. Es ging um Ausgangspositionen für einen Stoß, den sie über Manipur nach Assam führen wollten, um dort die Nachschubbasen für China zu zerschlagen.

Aber die japanischen Pläne kreuzten sich wiederum auf eine besondere Art mit den britischen. Der inzwischen zum Generalmajor beförderte Orde Ch. Wingate holte zum Schlag aus. Eine Operation völlig neuen Typs, im Zusammenwirken mit General Stilwells von Norden her vorstoßenden gemischten Verbänden, sollte im Hinterland der Japaner eine Lage schaffen, die es ihnen unmöglich machte, an der Zentralfront zu entscheidenden Erfolgen zu kommen, und die ihre an der Zentralfront eingesetzten Truppen von jeder rückwärtigen Verbindung abschnitt, sie »austrocknete«.

Wingate startete seine Operation kurz vor Beginn des Monsuns nicht nur wegen des anlaufenden japanischen Angriffs. Er war überzeugt, seine und Stilwells Soldaten würden trotz Monsun, Schlamm, Regen, Insekten und tausend anderer Schwierigkeiten kampffähig bleiben. Ihre Versorgung aus der Luft klappte, wohingegen Japans arg dezimierte Luftwaffe kaum noch in der Lage war, Entscheidungen herbeizuführen.

Operation Thursday

»Zigaretten aus! Einsteigen!«

Der Ruf war zwar laut genug, aber nicht jeder Soldat hörte ihn, da die Motoren der »Dakotas« bereits liefen. Obwohl zwischen den Motoren und den Lastenseglern, an denen die Soldaten warteten, eine gebührende Entfernung lag, trug der leichte Wind den Lärm bis an die »Horsas«, die sperrigen, plump anmutenden Fliegekisten ohne Motor.

In steigender Zahl waren sie aus England in Indien eingetroffen. Auf Schiffen, die heute viel sicherer als noch vor zwei Jahren die Meere befuhren, denn man hatte die deutschen U-Boote im Griff. Bald hatten auch indische Fabriken die Produktion von Einzelteilen der aus Sperrholz und Leinwand bestehenden Riesensegler aufgenommen.

Orde Ch. Wingate hatte nach der Quebec-Konferenz, wo er seine unkonventionellen Ideen zum Dschungelkrieg den beiden wichtigsten Repräsentanten der Alliierten vortragen konnte, keine Zeit vertrödelt. Denn sowohl Roosevelt als auch Churchill engagierten sich energisch für seine Vorschläge: Größere Verbände im tiefen Hinterland des Gegners absetzen, die selbständig operieren konnten, sie aus der Luft versorgen und Verwundete von schnell angelegten provisorischen Flugfeldern ausfliegen oder mit der sogenannten Snatch-Technik zurückbringen. Dabei nahm eine tieffliegende Maschine mit einem Haken ein speziell konstruiertes Zugseil auf, an dem der Gleiter hing, und zog ihn hoch.

Maschinen, die auf relativ kurzen Graspisten landen

konnten, sowie die neue Technik ermöglichten nicht nur, Soldaten mit Handfeuerwaffen abzusetzen. Auch leichte Flak, leichte Feldgeschütze und Bulldozer, ja selbst komplette Operationssäle wurden in die »Horsas« verladen. Auf diese Weise konnten hinter den feindlichen Linien gutausgerüstete, kampfstarke Verbände operieren, denen mehr Mittel zur Verfügung standen, als die Japaner vermuteten. Die Methodik der Luftlandeoperationen hatte eine neue Dimension erreicht. Man trug den Krieg ins Hinterland, in die scheinbar sichere Zone des Gegners, und brachte seine Pläne durcheinander. Damit wurde sehr fragwürdig, was er an der eigentlichen Front noch zu leisten imstande war.

Im Februar 1944 bereits hatten zwischen Chindwin und indischer Grenze, wo die 15. Japanische Armee zwar nicht in geschlossener Front, sondern in vielen versteckten Auffangstellungen lag, die Kämpfe begonnen. Vorerst noch örtlich begrenzte Vorstöße, die meist abgefangen werden konnten. Aber die Massierung von Artillerie und Panzern ließ keinen Zweifel an der Absicht, den Stoß tief nach Indien hinein zu führen.

Mit Mountbatten war sich Wingate seit den ersten Erfahrungen in Arakan darüber einig, daß man sich nicht allein auf Verteidigung einlassen würde. Dieser Gegner mußte im Rücken gepackt und zermürbt werden, so daß er keine Vorstöße mehr wagen konnte.

Die 17. Indische Division und andere Verbände, zu denen auch das 33. Indische Armeekorps gehörte, waren bereits auf dem Wege nach Imphal und Kohima, obwohl die Japaner bisher noch nicht entscheidend an Boden gewonnen hatten.

»Wetter?« Wingate sah den Offizier an, der mit dem soeben eingegangenen Bericht eintrat. Der Stab der Chindits hatte sich in Wingates Kommandozentrale am Rande des Flugplatzes Lalaghat versammelt. Nicht weit entfernt von den armseligen Hütten des vergessenen gleichnamigen indi-

Ledo-Straße im Bau. Scheinbar harmlose Gewässer wurden während der Regenzeit zu reißenden Strömen

schen Dorfes, auf halbem Wege zwischen Kohima und der nächsten Bergkette, deren genaue Bezeichnung bestenfalls die Kartografen des Stabes kannten.

Der Offizier vom Wetterdienst berichtete: »Sonnenuntergang in zwanzig Minuten. Wolken null. Wind aus Südost, eins bis drei. Vollmond.«

»Das ist genau das, was wir brauchen«, brummte Oberst Philipp Cochran, ein schneidiger Typ, der bereits die Pilotenkombi trug. Philipp Cochran gehörte zu den besten Jagdfliegern in dieser Gegend. Man hatte ihm ein eigenes Geschwader anvertraut, eine von ihm selbst für den besonderen Zweck zusammengestellte Mischung von Bombern, zweimotorigen Transportern, leichten Aufklärern und Jagdflugzeugen. Er verfügte aus amerikanischen Lieferungen über genug C-47, um damit ganze Schwärme von Lastenseglern zu befördern. Als Jäger hatte er schnelle P-51 »Mustangs«.

Indische Soldaten bei der Wiedereroberung Burmas. Sie trugen eine erhebliche Last des Kampfes. Hier wird einer ihrer Panzer, der einen Treffer erhalten hat, notdürftig repariert

Diese nicht ganz dem Lehrbuch entsprechende Mischung wurde von den Teilnehmern der Aktion, die den Codenamen »Thursday« trug, »Cochrans Zirkus« genannt; nicht zuletzt auch eine Anspielung auf die abenteuerliche Vergangenheit Cochrans selbst. Er hatte bereits mit 33 Jahren als Chef einer Schauflugtruppe in den USA Berühmtheit erlangt, ähnlich wie auch Claire Lee Chennault, der in China mit Stilwell zusammenarbeitete. Philipp Cochran war die ideale Ergänzung zu Wingate, ein entschlossener und risikofreudiger Mann, der bei aller Burschikosität stets Vertrauen und Sicherheit ausstrahlte.

General Slim, der von Arakan nach Lalaghat gekommen war, um den Beginn des entscheidenden Unternehmens der Chindits mitzuerleben, hatte seine Zustimmung zum Start bereits gegeben. Man schrieb den 5. März 1944. Wingate überlegte noch. In den letzten Wochen hatten schwere Bomber des Strategischen Luftkommandos Angriffe bis zur Irawadi-Mündung und selbst auf Rangoon geflogen. »Spitfires« der neuen 221. und 224. Jagdfliegergruppe standen zur Abschirmung des Transports bereit. Seit Wochen hatten Cochrans »Mustangs« Tiefangriffe auf frontnahe japanische Flugplätze und Truppenkonzentrationen geflogen, mit Bomben und Bordwaffen die als Absetzstellen vorgesehenen Gebiete bearbeitet und die Japaner vor allem gezwungen, ihre frontnahen Jagdfliegerkräfte weit ins Hinterland zurückzunehmen.

Drei einigermaßen ebene Flächen im Irawadi-Bogen, zwischen Bhamo und der Bahnlinie nach Myitkyina, waren für die Landung als Stützpunkte ausgewählt worden. Sie trugen die Codebezeichnungen »Picadilly«, »Broadway« und »Chowringhee«. Sie würden bald Dornen im Fleisch der Japaner sein, Basen, von denen aus die Chindits operierten und über die sie versorgt wurden. Orde Ch. Wingate setzte für den Sprung auf diese künftigen Stützpunkte fünf Brigaden ein. Das entsprach etwa einer Personalstärke von 10 000 Mann. Dazu kamen 1 000 Mulis, die in dem gebirgigen Operationsgebiet zuverlässiger sein würden als Motorfahrzeuge.

Fast alle »alten Chindits« nahmen an dieser zweiten Aktion teil. Wingate hatte die Einheit in vielfacher Hinsicht neu organisiert. Die meisten neuen Soldaten kamen von der ehemaligen 70. Division, verstärkt durch Gurkhas, Westafrikaner und Amerikaner. Offiziell lautete die Bezeichnung der Einheit 3. Indische Division, aber Wingate benutzte diesen Namen nur selten, für ihn waren es einfach die »Chindits«. Sein Blick heftete sich auf einen Flieger, der in das Kommandozelt eingetreten war, salutierte und abwartete. In der Hand hielt er eine Rolle Negativfilm. Wenn Orde Ch. Wingate jemanden mit seinem harten, kalten Blick derart musterte, lief dem Betrachteten nicht selten eine Gänsehaut über den Rücken. Nicht so Wing Commander Saunders. Er

Angriffsrichtungen der japanischen Truppen (Dez. 1943 – Mai 1944)

hatte mit seiner neuen »Mosquito« vor Einbruch der Dunkelheit die letzte Aufklärung über den Absetzplätzen geflogen. Weil niemand von ihm Notiz zu nehmen schien und auch Wingate ihn lediglich scharf ansah, räusperte er sich.

»Was ist?« Wingate riß sich aus seinen Überlegungen. Er kannte Saunders nicht, aber er sah die Filmrolle. Natürlich, das war der Mann mit dem letzten Aufklärungsergebnis!

»Wing Commander Saunders, Sir, mit den Fotos von 16 Uhr 45.« Wingate nahm die breite Rolle, gab das eine Ende einem Adjutanten in die Hand, zog am anderen Ende, und dann runzelte er die Stirn. »Sehe ich richtig, hier auf ›Picadilly‹?«

Cochran trat hinzu. Er blickte auf das Zelluloidstück. Es dauerte eine Sekunde, dann knurrte er leise: »Diese gottverfluchten, lausigen Bastarde!«

»Sie sehen richtig, Sir«, antwortete Saunders auf Wingates Frage. »Überall auf ›Picadilly‹ liegen Baumstämme, Landung unmöglich.«

Cochrans Zornausbruch zeugte von einem nicht gerade zimperlichen Umgang mit der englischen Sprache.

»Sag den Piloten, wir sparen ›Picadilly‹ aus«, wies Wingate ihn an. »Leite alles auf ›Broadway‹ um.«

Saunders antwortete zögernd: »Sir, wir haben an diesen Plätzen Kommandos abgesetzt, die alles vorbereitet haben. Tagelang sind ›Hurricanes‹ und ›Spitfires‹ Einsätze geflogen. Das hat wohl das Mißtrauen der Japaner geweckt. Sie ahnen, was geschehen soll. Und sie reagieren …«

»Sind Sie beschossen worden?«

»Nein, Sir.«

Wingate stand vor einer schweren Entscheidung. Er konnte nicht verantworten, seine Truppen, die besten und mutigsten auf diesem Kriegsschauplatz, in eine Falle laufen zu lassen. Wieder und wieder betrachtete er die anderen Aufnahmen. Er entdeckte nichts, was bei den Landeplätzen »Chowringhee« und »Broadway« auf Manipulationen des

Artillerie in Arakan. Als die Alliierten hier zum zweiten Mal angriffen, waren sie mit hoher Feuerkraft ausgestattet

Gegners hinwies. Und er entschied, die Aktion »Thursday«, das Einfliegen der Kampfgruppen ins Hinterland der Japaner, »genau in seine Gedärme hinein«, wie er es nannte, durchzuführen. Lediglich »Picadilly« würde ausfallen. Aber man würde das kompensieren.

Als Cochran nach einer Stunde meldete, daß sämtliche Piloten, auch die der Lastensegler, mit neuen Karten und Zielbestimmungen versehen seien, gab Wingate das Zeichen zum Start.

Es war gerade 18 Uhr. Draußen liefen die Motoren an. Die Taue zwischen den Zweimotorigen und den bulligen »Horsas« strafften sich. Lichtsignale blinkten auf. Rumpelnd und knirschend rutschten die Lastensegler über die Piste, bis der Pilot der Zugmaschine das Signal bekam, daß sie Bodenfreiheit hatte. Nun zog er selbst den Knüppel an, und wenig später hing der Gleiter in der Luft. Die Männer, die dicht gedrängt zwischen den Sperrholzspanten hockten, atmeten auf. Bis zur Landung, das glaubten sie zu wissen, konnte nicht allzu viel passieren.

Captain Tim Slivers kreiste in seiner »Hurricane« über dem Treffpunkt. Der Höhenmesser zeigte zweitausendsechshundert Meter, und die schartigen Grate der Bergkette, hinter der Burma lag, waren zum Greifen nahe. Nach einigem Überlegen gab Slivers seiner Staffel den Befehl, weitere dreihundert Meter zu steigen. Die »Dakotas« mit den Gleitern im Schlepp würden aus Sicherheitsgründen, so sagte er sich als erfahrener Flieger, höher fliegen als vereinbart.

Er behielt recht. Im Mondschein sah er nach einer Weile die ersten Maschinen von Westen herankommen. Ein gespenstischer Anblick. Slivers zog noch höher in den wolkenlosen Nachthimmel und hielt sich dann mit seiner Staffel seitlich über dem Hauptverband. Lange war beraten worden, ob man vielleicht auf Jagdschutz verzichten sollte, um die Japaner nicht zusätzlich aufmerksam zu machen, daß in dieser Nacht etwas Besonderes vorging. Aber dann war doch entschieden worden, mit einigen sich ablösenden Staffeln des 135. Geschwaders die Aktion zu überwachen. Nach Tagesanbruch würde dann »Cochrans Zirkus« voll eingesetzt werden, um die Landeplätze abzuschirmen, in eventuelle Gefechte einzugreifen und um mit Transportmaschinen auf schnell zu bauenden Pisten Material und weitere Truppen abzusetzen.

Eine knappe Stunde verging, dann signalisierten die »Dakota«-Piloten den Gleitern, daß das Ziel erreicht sei. Slivers und seine Staffelkameraden beobachteten noch eine Weile, was unter ihnen auf »Broadway« vor sich ging, dann stiegen sie wieder höher und warteten darauf, daß sich die »Dakotas« zum Rückflug sammelten.

Auf dem Landeplatz »Broadway« war um diese Zeit die Hölle los. Unglücklicherweise hatte der Gleiter mit dem Kontrollteam, das die Landungen dirigieren sollte, nach einem Riß des Zugseils bereits in der Chindwin-Niederung notlanden müssen. Damit war das Durcheinander auf »Broadway« gewissermaßen programmiert. Ohne Landeleitsystem setzten die »Horsas« entweder zu früh oder zu spät auf. Sie blockierten den Anflug der anderen oder rutschten über das einigermaßen gerodete Rollfeld hinaus in den Wald. Bald lagen an vielen Stellen zerborstene Gleiter. Es gab die ersten Verluste unter den Männern, denn eine Bruchlandung ging nur selten mit leichten Verletzungen ab. Wer glücklich aus den Trümmern herauskam, half sofort mit, das Landefeld zu räumen. Doch die Helfer wurden immer wieder von landenden »Horsas« behindert.

Wingate nahm die Meldung über die Ereignisse auf »Broadway« zum Anlaß, die Landung auf »Chowringhee« um einen Tag zu verschieben. Er wollte keinesfalls noch größere Verluste riskieren.

Als über »Broadway« der Morgen heraufzog, waren insgesamt 32 »Horsas« gelandet. Neun wurden vermißt. Sie waren vermutlich in feindlichem Gebiet niedergegangen. Elf waren aus technischen Gründen umgekehrt.

Auf »Broadway versorgten Ärzte inzwischen die ersten Verletzten. Dreiundzwanzig Tote hatte es bei den Karambolagen gegeben, etwa ebenso viele Verwundete. Trotz der Verluste beherrschten immerhin noch ungefähr 400 entschlossene Chindits das Gelände. Sie schickten sofort Sicherungsposten aus. Die übrigen Männer präparierten in mühsamer Handarbeit die Landepiste für die »Dakotas«. Sogar eine provisorische Befeuerung mit Fackeln für Nachtlandungen war vorgesehen.

Genau 13 Stunden später landete hier die erste Curtiss »Commando«, eine in den USA speziell für den Truppentransport und die Landung auf kurzen Graspisten entwickelte Maschine. Sie spuckte 50 voll ausgerüstete Chindits aus. Insgesamt 55 weitere Transporter folgten ihr im Verlaufe der ersten Nacht. Sie brachten schweres Material, Bulldozer,

Oft nur mit Amphibienfahrzeugen gelang es den Alliierten bei der Rückeroberung von Arakan, die unzähligen versumpften Wasserläufe zu überwinden

Soldaten, Munition, Sprengstoff. Auch in den folgenden fünf Nächten trat keine Ruhe ein.

Während die letzten Gruppen landeten, waren die ersten bereits über Dschungelpfade auf dem Marsch in ihre Operationsgebiete. Die Japaner hatten zweifellos die Landung bemerkt, rechneten aber wohl nicht damit, daß sich die Eingeflogenen lange im Dschungel halten könnten. Hunger und Krankheiten würden sie schnell dezimieren. Hier irrte die japanische Führung, die sich nur zögerlich entschloß, Truppen zur Jagd auf die Eingeflogenen abzustellen. Und der Irrtum erwies sich bald als fatal.

Mittlerweile herrschte auch auf »Chowringhee« Hochbetrieb. Dieser Absetzplatz lag südlich des Irawadi-Bogens, auf der anderen Flußseite. Die 111. Brigade unter Brigadier Lentaigne, Wingates Stellvertreter, landete hier mit dem

Hauptquartier der Operation. Auch hier kam es bis auf kleinere örtliche Schußwechsel zu keiner entscheidenden Aktion der Japaner. Das lag keinesfalls nur an deren Nachlässigkeit, sondern sie hatten eben schon erhebliche Schwierigkeiten, Truppen schnell zu verlegen. Fachleute erklärten, der bisherige Krieg habe sie ziemlich ausgezehrt.

Wingates Plan ging auf: Die Chindits, bis an die Zähne bewaffnet, gut ausgerüstet und für den Dschungelkampf trainiert, waren unterwegs.

In den wenigen Tagen der Absetzaktion absolvierten die »Dakotas« und »Commandos« aus »Cochrans Zirkus« insgesamt 660 Flüge mit angehängten »Horsas« oder nur mit Ladung. Sie schafften über 9 000 Soldaten ins gegnerische Hinterland, dazu 1 360 Packtiere und vorerst 250 Tonnen Ausrüstung. Nicht eine einzige Maschine ging auf dem Flug verloren. Bei Bruchlandungen der Lastensegler und ersten Gefechten starben 121 Soldaten. Alles in allem eine nicht für möglich gehaltene Leistung. Erst als die beiden Absetzplätze den ersten Teil ihrer Aufgabe fast erfüllt hatten und sich nun auf den Transport von Verwundeten und Kranken vorbereiteten, wachten die Japaner auf.

Über »Chowringhee« erschienen die ersten Aufklärer mit dem roten Kreis auf Rumpf und Tragflächen. Über Funk erfuhr Wingate davon. Er schickte wieder den erprobten Wing Commander Saunders los. Der erreichte »Chowringhee«, als gerade die ersten »Zeros« Tiefangriffe flogen und die Wracks der Lastensegler, die man an den Rand der Landepiste gezerrt hatte, in Brand schossen. Eine »Zero« setzte sich hinter Saunders, aber der hatte Glück, denn die Magazine der japanischen Maschine waren schon leergeschossen. Im Abschwung erwischte Saunders sogar die »Zero«. Sie explodierte noch in der Luft, und ihre Trümmer gingen auf »Chowringhee« nieder.

Während er weitersuchte, entdeckte Saunders aber auch anrückende gegnerische Soldaten. Er fotografierte sie und

Generalmajor Orde Charles Wingate (rechts) war eine der herausragenden Persönlichkeiten im Burma-Krieg. Mit seiner Taktik der beweglichen Kriegführung brachte er die japanische Generalität fast zur Verzweiflung

legte nach seiner Rückkehr Wingate die Filme vor. Wingate war auf eine derartige Entwicklung vorbereitet. Aber bevor man sich in Kämpfe verwickeln ließ, sollten die Landeplätze erst einmal verlassen werden. Elastizität hieß das Geheimnis des Erfolges bei dieser Art der Kriegführung. Man wollte selbst bestimmen, wo man kämpfte und unter welchen geografischen Bedingungen. Die Chindits würden immer da, wo es nötig wurde, neue Pisten anlegen. Die Verbindung mit »Cochrans Zirkus« würde nicht abreißen.

Als Wingate Saunders entlassen hatte, befahl er, »Chowringhee« sofort zu räumen, damit die Japaner ins Leere stießen.

Brigadier Lentaigne, der von Wingate selbst für fähig befunden worden war, auch die gefährlichsten Aufgaben im gegnerischen Hinterland zu lösen, hatte schon eigene Aufklärungsergebnisse über das Anrücken japanischer Verbände auf »Chowringhee«. Als erfahrener Mann hatte er Späher ausgeschickt. Nach ihren Berichten würde es einige Tage dauern, bis der Gegner eintraf.

Er empfing den Befehl Wingates ohne nennenswerte Überraschung. Schon vor Beginn der Aktion waren Ausweichpunkte festgelegt worden. Der für Lentaignes Chindits in »Chowringhee« trug den Codenamen »Aberdeen«. Um dorthin zu gelangen, waren etwa 150 Kilometer zurückzulegen, westwärts über den Irawadi hinweg und auch über die Bahnlinie Mandalay–Myitkyina. Auf diesen Platz zu bewegte sich, wie Lentaigne wußte, eine schon früher in Marsch gesetzte Chindit-Einheit, die eigentlich die rechte Flanke von General Stilwells Kampfgruppen decken sollte, die vom nordwestlich gelegenen Ledo her südostwärts vorstieß. Eine Gruppe, die vorwiegend aus chinesischen und amerikanischen Soldaten bestand, geführt von Brigadier Fergusson.

Mit diesem stand Lentaigne über Funk in Verbindung. Fergusson, der sich bereits an der Stelle befand, wo »Aberdeen« angelegt werden sollte, ließ seine Soldaten einstweilen den Platz roden und vorsorglich eine Landepiste anlegen. In »Chowringhee« wurde alles abgebaut, was man auf den Marsch mitnehmen konnte. Liegen blieben nur die zertrümmerten »Horsa«-Gleiter.

Zwei Stunden nachdem Lentaignes Nachhut den Platz verlassen hatte, dröhnten am Himmel die ersten japanischen Flugzeuge. Eine Stunde lang bombardierten sie »Chowringhee«, und die Begleitjäger, von weit entfernten Stützpunkten zusammengeholt, schossen mit ihren Bordwaffen die Reste der Lastensegler in Brand. Sie qualmten noch, als die Vorhut der japanischen Stoßgruppe die verlassene Piste erreichte.

Lentaigne war ein lustiger Mensch. Als er von dem mißlungenen Versuch der Japaner hörte, funkte er Fergusson an und bat ihn, Champagner kaltzustellen. Fergusson gab die Aufforderung sofort nach Lalaghat weiter. Dort bekam sie Colonel Cochran in die Hände, der gerade die Transportflieger einwies, die eine weitere, die 4. Chindit-Brigade nach »Aberdeen« einfliegen sollte, wo Fergussons Leute die Landepiste für C-47 bereits fertiggestellt hatten. So kam es, daß am 23. März 1944, als die Einheit Lentaignes müde, durstig, unrasiert, aber voller Elan in »Aberdeen« eintraf, der Brigadier mit Fergusson und dem soeben eingeflogenen Brigadier Brodie, der die 4. Brigade kommandierte, tatsächlich Sekt trinken konnte. Ziemlich schlecht gekühlten zwar, aber immerhin …

Die Operation »Thursday« war erfolgreich abgeschlossen. Die im japanischen Hinterland gelandeten Chindits hatten eine beträchtliche Stärke erreicht. Ihre Angriffe würden den Japanern mehr zu schaffen machen, als diese sich träumen ließen. Die Gruppen aufzuspüren und zu vernichten, war schon nicht mehr möglich. Ihre Mobilität, die gute Bewaffnung und die gesicherte Verbindung mit den Basen in Indien schlossen das aus.

Orde Ch. Wingate war erleichtert, daß die erste Etappe des Unternehmens ohne einschneidende Verluste durchgestanden war. Mountbatten, dem er berichtete, lobte ihn und empfahl ihm Vorsicht, wenn er sich selbst ins Operationsgebiet begab. Und Mountbatten sprach mit ihm über die neueste Entwicklung am Chindwin.

Einige Tage bevor Fergusson »Aberdeen« besetzte, hatten die ersten größeren japanischen Verbände den Chindwin auf Bambusflößen zwischen den kleinen Ortschaften Thaungdut und Homalin überquert. Seitdem marschierten sie, nur mit leichten Waffen ausgerüstet, forsch auf die Bergkette zu, hinter der Indien begann. Genau an dem Tag, als Lentaigne, Fergusson und Brodie in »Aberdeen« ihren Sekt tranken, standen japanische Vorauseinheiten an der Zentralfront hinter der indischen Grenze. Von den Bergen konnten sie nach Assam hinunterblicken. Tokios Propagandisten jubelten, über den Äther verkündeten sie: Die Krieger des Tenno haben die Flagge mit der aufgehenden Sonne auf indischem Boden gehißt!

Kohima und Imphal, das ließ sich aus der Stoßrichtung der japanischen Angriffe erkennen, waren die ersten Ziele. Orde Ch. Wingate vernahm diese neuen Meldungen mit einer gewissen Skepsis. Natürlich hatte man nicht damit gerechnet, daß die Japaner nach ihrem Scheitern in Arakan an allen Fronten aufstecken würden. Aber war man an der Zentralfront genügend vorbereitet? Wie stark waren die Angreifer? Hatten sie schwere Waffen?

»Flip«, sagte Wingate am Telefon, »ich brauche eine Maschine.« Er telefonierte mit Cochran und verwendete dessen Spitznamen aus Zeiten der Luftakrobatik in Amerika. Er erklärte ihm, worum es ging. Philipp Cochran riet ihm, eine Zweimotorige zu nehmen.

»Ich stelle dir eine B-25 auf die Piste«, sagte er. »Du kannst aus der Kanzel hervorragend beobachten, hast gute Sicht, und außerdem kannst du die eingebauten Kameras benutzen.«

Am Nachmittag startete die B-25. Wingate nahm zwei englische Kriegskorrespondenten mit, Stuart Emny vom »News Chronicle« und Stan Wills vom »Daily Herald«. Als der Funker der Maschine nach zwei Stunden mitteilte, sie seien über dem Zielgebiet, meldete der Wetterdienst über dem Tal des Chindwin aufkommende Stürme in Richtung Indien. Cochran ließ sofort eine Warnung an Wingates Maschine absetzen. Sie wurde bestätigt. Wenig später, als die Dunkelheit kam, brach der Funkverkehr ab.

Cochran schob es dem Einfluß statischer Elektrizität zu, einer für Gewitterstürme typischen Erscheinung. Aber als man ihm meldete, die B-25 habe nur noch für eine halbe Stunde Treibstoff, ließ er vorsichtshalber die Pistenbefeuerung anbrennen. Er vermutete, daß die Maschine beschädigt sei, vielleicht hatte ein Blitz ihre Funkanlage zerstört. Statt der B-25 landete ein amerikanischer Pilot mit einer C-47. Er kam von »Aberdeen«, wo er Munition abgeliefert hatte. Cochran wurde gerufen. Der Pilot hatte eine Meldung.

»Es war eine ›Mitchell‹, Sir«, berichtete er Cochran. »Eine B-25. Ich sah sie im letzten Licht. Flog tiefer als ich. Wie wir sagen, sie schnupperte in die Schluchten. Ich blieb auf Höhe, aber ich konnte sie vor mir sehen. Richtung Westen. Bis die erste Bö uns erwischte. Warf uns hoch. Einer dieser trockenen Gewitterstürme, wie sie ganz plötzlich kommen, aus dem Nichts sozusagen, Sir. Als ich die Maschine wieder unter Kontrolle hatte, sah ich da, wo vorher die B-25 war, den Feuerschlag. Die Bö muß sie mit voller Wucht in die Felsen geschmettert haben.«

Cochran ging mit ihm an die Karte. Der Pilot zeigte auf eine Stelle in den Naga-Bergen, östlich der Bengal-Assam-Bahnlinie. Tage später fanden Suchtrupps die Trümmer der Maschine und die zerfetzten Leichen. Überlebende gab es nicht.

Orde Ch. Wingate konnte den Triumph seiner strategischen und taktischen Überlegungen nicht mehr erleben. Während seine Chindits sich in den Gegner verbissen, starb er durch einen tragischen Unfall. Es gab keinen Zweifel, er war einer der bedeutendsten Neuerer der Kriegführung gewesen, auch wenn sich das erst nach seinem Tode endgültig erwies.

Am nächsten Morgen wurde Brigadier Lentaigne an seiner Stelle zum Kommandeur der Chindits ernannt, einer seiner fähigsten Mitkämpfer.

Chindit-Krieg

General Stilwells Plan, von Ledo in Assam quer durch
Nordburma gewissermaßen eine Schneise über Myitkyina,
Bhamo und weiter bis über die chinesische Grenze zu schlagen, war bei manchen Militärs in höheren Kommandostellen
anfangs auf Skepsis gestoßen. Auch später noch, als Stilwell
den Plan leicht verändert hatte, blieb die Zustimmung
gedämpft. Sicher hielt man es für strategisch klug, einen
Nachschubweg gewissermaßen im Zuge eines Vorstoßes zu
erkämpfen, um dann mit Kraftfahrzeugen Nachschub nach
China zu schaffen. Jede Stärkung der Chinesen band japanische Truppen, und jeder japanische Soldat, der in China gebunden war, konnte nicht auf dem burmesischen Kriegsschauplatz eingesetzt werden. Nur hatte sich Stilwell da eine
Jahrhundertaufgabe vorgenommen. Ganz abgesehen davon,
daß die Mehrzahl der höheren Strategen der Alliierten eigentlich noch von ihren Erfahrungen im Ersten Weltkrieg
lebte und sich neuen Ideen gegenüber nicht gerade aufgeschlossen zeigte.

Für sich gesehen, besonders im Hinblick auf den Aufwand, machte die Ledo-Straße relativ wenig Sinn, man hatte
ja immerhin den »Hump«, wenn auch per Lufttransport
wesentlich weniger Material befördert werden konnte. Betrachtete man allerdings die Gesamtstrategie der Alliierten
in Südostasien und berücksichtigte die Bedrohung der Japaner durch Stilwells Vorstoß und den Krieg der Chindits in
ihrem Hinterland, so mußte man sich eingestehen, daß die
Ledo-Straße den Japanern auf mittlere Sicht die strategische

Initiative aus der Hand nehmen und so die Rückeroberung Burmas einleiten würde.

Die von Stilwell konzipierte Ledo-Straße begann im Tal des oberen Bramaputra, da wo die Bengal-Assam-Eisenbahn endete. Einmal über die mehr als 1 500 Meter hohe Pathai-Bergkette hinweg, stieß sie in Burma auf die kleine Ortschaft Shingbwiyang, kreuzte das breite Tal des Chindwin und durchquerte das für seine Malaria-Moskitos berüchtigte Hukawng-Tal. Von hier aus führte sie ins Mogaung-Tal und schließlich auf Bhamo zu. Dann war die chinesische Grenze nicht mehr fern und auch nicht Lashio, die Umschlagstation der alten Burma-Straße.

Für den Bau der Straße, der Stilwells kämpfender Truppe, der 22. und 38. Chinesischen Division, folgte, hatten die Amerikaner einen ihrer besten Fachleute abgestellt. Generalmajor Lewis A. Pick, den ganz Amerika als den Erbauer des Missouri-Staudammes kannte, ließ sich durch keine Schwierigkeit aus der Ruhe bringen. Zudem lieferten die USA das gesamte Material, das für die strategische Straße gebraucht wurde: von der Schaufel über den Caterpillar, Bulldozer aller Typen, Preßlufthämmer und Walzen bis zum Kran. Unter unerbittlicher Tropensonne, im Halbdunkel des Dschungels, auf steilen Felshängen schuftete ein geradezu babylonisches Völkergemisch: Chinesen, Amerikaner, Neuseeländer, Australier, Inder, Nepalesen, ja selbst Angehörige kleiner nationaler Minderheiten wie Kachins und Karens, Garos, Nagas und viele andere. Dieses 2 000 Mann starke Arbeitsheer sprengte Felsen, rodete Wald und baute unzählige Brücken.

Die Japaner hielten Stilwells Plan für undurchführbar. Nur gelegentlich gab es Fliegerangriffe. Man nahm die Sache nicht allzu ernst, denn man rechnete damit, an der Zentralfront nach Indien hineinzustoßen, und dann wäre die Bengal-Assam-Eisenbahn nach Ledo früher oder später unterbrochen und Stilwells Bau nutzlos.

Doch die Japaner wußten nicht, daß Stilwell direkt neben der strategischen Straße eine Rohrleitung von 10 Zentimetern Durchmesser legen ließ, durch die Kraftstoff bis zur vordersten Baustelle gepumpt werden konnte. Und etwa zehn Pionierbataillone der US-Army, die Stilwells Vorstoß folgten, errichteten hinter der Baustelle bereits Landepisten, Hospitäler, Reparaturwerkstätten, Ersatzteillager und ähnliche Anlagen, die zu einer modernen Kriegführung gehören.

Oft mußten die Arbeiten unter Beschuß verrichtet werden, da die Japaner in dem Gelände immer noch über Stützpunkte verfügten, die so schnell nicht niedergekämpft werden konnten.

Ende 1943 war mit dem Bau begonnen worden, gleichzeitig mit Stilwells Vorstoß aus Assam heraus. Noch im selben Jahr erreichte Stilwell mit seinen Soldaten bereits Shingbwiyang in Burma und baute hier seine Basis für den weiteren Vorstoß aus.

Als die Japaner ihn vor Walawbum mit ihrer relativ kampfstarken 18. Division, die Singapore 1942 erobert hatte, aufhalten wollten, erlebten sie eine böse Überraschung. Stilwell hatte aus Assam über die bereits fertige Trasse kleine schnelle Panzer angefordert. Die Abteilung, die zur 22. Chinesischen Division gehörte, schoß nicht nur die Stellungen der Japaner, die nicht mit Panzern gerechnet hatten, zusammen, sondern jagte sogar den Gefechtsstand auseinander und erbeutete das offizielle Siegel der 18. Japanischen Division. Mit dieser Schande nicht genug, fanden sie auch noch eine Menge in Rangoon zurückgelassener Lastwagen, Jeeps und gepanzerter Mannschaftswagen unbeschädigt vor, die die Japaner benutzt hatten. Stilwell setzte diese nun sofort für sich ein.

Bei seinem Vorstoß in allgemeiner Richtung Südost hatte Stilwell seine Hauptgruppierung zu beiden Seiten absichern lassen. Rechts durch die Chindits von Brigadier Fergusson, die »Aberdeen« zustrebten, und links durch einen seiner

So kehrten sie zurück – manchmal. Chindits, nach wochenlangem Kampf müde, hungrig und von Krankheiten geschwächt, werden ausgeflogen

engsten Freunde, der mit seiner in den USA neu aufgestellten und im Dschungelkampf trainierten Freiwilligentruppe vorging. Brigadegeneral Frank Merrill arbeitete seit 1942 eng mit Stilwell zusammen. Seine Einheit, etwa ein Regiment stark und hervorragend ausgerüstet, trug offiziell die Bezeichnung 5307. Aber innerhalb kurzer Zeit machten diese Soldaten in Burma unter dem Namen »Merrills Marauders« Kriegsgeschichte.

Sergeant Bill Learson, der Hüne mit dem Rotschopf und Teilnehmer am ersten Chindit-Einsatz, war nach der Entlassung aus dem Lazarett und einer zusätzlichen Ausbildung mit den meisten Kameraden seiner 142. Commando-Kompanie zu Brigadier Mike Calvert versetzt worden, der voll guter Ideen steckte. Er wußte, daß seine Soldaten ihn »Mad Mike« nannten, der »verrückte Mike«, aber das nahm er

Chindits auf dem Marsch ins Hinterland des Gegners

eher als Kompliment. Und seit er im Stützpunkt »Broadway« abgesetzt worden war, hatte sich herausgestellt, daß er
über eine schlagkräftige Truppe verfügte. Mit Fergusson,
auf der östlichen Seite der Mandalay-Myitkyina-Bahn, hatte
er Funkverbindung. Inzwischen waren über 30 Gruppen
Chindits mit den verschiedensten Kampfaufgaben unterwegs. Viele der Einsätze wurden koordiniert.

So griffen Fergussons Truppen im Zusammenwirken mit
Einheiten von »Broadway« den an der Bahnlinie gelegenen
japanischen Stützpunkt Indaw an.

Der Angriff brachte keinen durchschlagenden Erfolg,
denn die Soldaten mußten etwa 80 Kilometer durch den
Dschungel zurücklegen, und vor Indaw hatten sie nur die
Waffen, die sie auf dem Rücken tragen konnten, während
die Japaner über schweres Gerät verfügten. So zogen sich
die Chindits nach einigen erfolglosen Angriffen wieder

zurück, um sich nicht in einem aussichtslosen Kampf aufzureiben.

»Red« Learson hatte den »Zug nach Indaw«, wie er es nannte, mitgemacht. Zuletzt mußte allein seine Gruppe drei Verletzte tragen, dann wurde das Trinkwasser knapp, und der Durst quälte die Männer. In der Ferne konnten sie die japanischen Depots sehen, aber dazwischen lagen Bunker und Schützenlinien. Ein Rückzug war unvermeidlich, zumal das letzte Wasser nur noch für die Verletzten reichte. Aber selbst dieser Rest kam aus rostigen Blechbehältern und war eigentlich als Kühlflüssigkeit für die schweren Maschinengewehre bestimmt.

»Laß mich in Ruhe«, brummte Learson, als jemand versuchte, ihn zu wecken. Er hatte sich unmittelbar nach seiner Rückkehr in den gesicherten Stützpunkt »Broadway« in seinem Zelt auf die Matte gelegt und war vor Erschöpfung fest eingeschlafen. Nur mühsam öffnete er jetzt die Augen.

»Der Chef will aber alle Zugführer versammelt sehen«, quengelte der Soldat. »Warum knurrst du mich an? Ich bin bloß der Bote, nicht der Chef!«

Mit einiger Mühe rappelte Learson sich hoch. Neben seinem Lager stand ein Blechkrug mit Wasser. Er nahm einen langen Zug, bevor er sich auf den Weg zum Befehlsstand machte. Wasser gehörte für ihn seit der letzten Unternehmung zum größten Luxus, den er sich vorstellen konnte.

Der Lieutenant, der im Auftrage von Brigadier Calvert die Chindits in die neue Aufgabe einwies, war noch jung, aber keinesfalls unerfahren. Learson hatte ihn beim Sturm auf einige Bunker vor Indaw erlebt und seitdem seine Meinung über an der Kriegsakademie ausgebildete Kommandeure korrigiert. Wenn wir in der Armee als Offiziere ausschließlich solche Kerle hätten, wäre der Krieg wohl schon vorbei, dachte er grimmig. Aber der Krieg in Burma ging vorerst in die nächste Runde, und nun erklärte der Lieutenant, wie entscheidend diese sein würde.

Diesmal sollten die Männer nicht nur mit leichtem Sturmgepäck losgehen, sondern von Pionieren und Minenspezialisten samt Material, Bofors-2-cm-Kanonen und leichten Feldgeschützen begleitet werden. Von der Air Force eingeflogene Wassertanks, bei denen sich Einschußlöcher ähnlich wie bei Flugzeugtanks sofort wieder schlossen, würden mit Mulis transportiert werden. Ziel war die Mandalay-Myitkyina-Bahn, etwa auf der Höhe von Henu, einer unbedeutenden Ortschaft, wo eine Garnison Japaner die Gleise bewachte.

»Andere Gruppen haben die Bahn schon mehrfach angegriffen, Schienen gesprengt und Brücken zerstört. Aber immer haben die Japaner sie wieder instand gesetzt. Damit soll Schluß sein. Kein Nachschub mehr nach dem Norden. Jede Handgranate, die durchkommt, fliegt gegen Stilwells Männer, also …« Er erklärte das Gebiet auf der Karte, und die Zugführer prägten sich die wichtigsten Eigenheiten des Geländes ein. Noch in der Nacht brachen die Gruppen auf. Als der Tag kam, ruhten sie kurz, dann ging es weiter, westwärts, bis sie am dritten Tag von den Spähern erfuhren, daß Henu unmittelbar vor ihnen lag. Zum Greifen nahe, aber umgeben von geschickt angelegten Schützenstellungen.

Es war zwei Stunden nach Sonnenaufgang. Mike Calvert hörte die Berichte der Späher, dann ließ er seine Leute einen Angriffskeil formieren. Das war eigentlich für diese Art Kriegführung unüblich, man griff lieber an vielen Stellen zugleich an, um den Gegner zu verwirren. Hier aber versprach sich Calvert von einem konzentrischen Stoß mehr. Es galt, die verstreuten Schützenstellungen aufzubrechen, den Zugang zur Bahnlinie freizukämpfen und diese zu sperren. Damit schob man den Japanern die weit unangenehmere Aufgabe zu, verlorenes Terrain zurückzuerobern.

Bei den Vorposten fielen die ersten Schüsse. Calvert hatte einige Gurkhas mit ihren Kukris vorgeschickt, aber die Japaner waren überaus wachsam, und wenige Minuten nachdem die Chindits vorgingen, gab es Alarm.

Maschinengewehre tackten, Handgranaten explodierten, ohne vorerst Schaden anzurichten, das Gewehrfeuer wurde stärker. Aus der Ortschaft jenseits des Schienenstranges preschten Lastwagen mit Verteidigern heran. Auch einige der kleinen japanischen Panzer, die sich schon in Malaya als sehr nützlich und dem Terrain angepaßt erwiesen hatten, schoben sich über die Schienen.

»Gib mir das Rohr!« rief Learson dem Träger einer Panzerabwehrwaffe zu, die erst unlängst aus den USA geliefert worden war. Ein simples Blechrohr, in dem eine Rakete elektrisch gezündet wurde, die nach dem Prinzip einer Hohlladung die Panzerung aufschweißte und im Inneren detonierte.

Durch die runde Zieleinrichtung visierte Learson den ersten der nur mit 3,7-cm-Kanonen bestückten Kleinpanzer an. Es war sein erster Schuß mit einer »Bazooka«.

Als er abzog, fiel ihm plötzlich ein, daß er sich nicht vergewissert hatte, niemanden hinter sich zu haben, wegen des Feuerstrahls, der aus dem Rohr zischte. Er hatte doppeltes Glück. Hinter ihm wurden nur ein paar Äste versengt, aber die Rakete flog mit leichtem Rauchschweif geradewegs gegen die Stirnplatte des Spitzenpanzers, dort wo der rote Kreis aufgemalt war. Eine schwarze Wolke puffte aus der auffliegenden Turmluke, Flammen folgten. Dieser Panzer würde keinen Schaden mehr anrichten.

Die Amerikaner bauen gute Waffen, dachte Learson. Aber er konnte diesem Gedanken nicht weiter nachhängen, denn an den Gleisen tauchten weitere Panzer auf. Jetzt schoß nicht nur Learson mit der »Bazooka«. Rechts und links von ihm zischten ebenfalls die kleinen, gefährlichen Raketen aus den Blechrohren.

Die Wirkung dieser Waffe überraschte die Japaner. Sie hatten geglaubt, ihr Panzerangriff würde diese – wie sie meinten – kleine Gruppe »Dschungelratten« schnell vertreiben. Mit allem hatten sie gerechnet, aber nicht mit einer kampfstarken Einheit, die nicht nur Maschinenkanonen und leichte Feldgeschütze einsetzte, sondern auch eine neue, äußerst wirksame panzerbrechende Waffe.

Diese Fehlkalkulation sollte für sie katastrophale Folgen haben. Die Chindits begnügten sich nicht damit, den bereits erreichten Schienenstrang zu blockieren und damit jeglichen Bahntransport in Richtung Norden zu unterbinden. Sie griffen sofort an. Noch während sich die Reste der Panzerkolonne auf die Ortschaft Henu zurückzogen, stürmten sie mit aufgepflanzten Bajonetten über die ersten Bunker und Granatwerferstellungen hinweg.

Die Japaner verschanzten sich in Henu, und Angriffe und Gegenangriffe wogten den ganzen Tag hin und her.

Der Funker der Chindits gab auf Befehl von Brigadier Calvert an den Kommandostab durch, daß die Strecke blockiert sei und die Kämpfe anhielten. Entsprechend der Tradition der Chindits erhielt das Stück eroberte Bahnlinie sofort einen Namen: »White City« (Weiße Stadt). Es hätte, gemessen an dem, was sich vor der etwas erhöht gelegenen Ortschaft Henu abspielte, besser »Rote Stadt« oder »Blutige Stadt« heißen sollen.

Sergeant Learson hatte die leichte Bodenerhebung erreicht, auf der Henu lag. Hinter ihm schossen die Bofors und die Feldgeschütze. Vor ihm auf dem Hang krochen Sanitäter herum und suchten nach überlebenden Chindits. Sie fanden einige Schwerverletzte zwischen toten und verstümmelten Japanern. Die erste Angriffswelle war voll in das Maschinengewehrfeuer der Japaner gelaufen, die weiter oben in gut ausgebauten Stellungen hockten und sich verbissen verteidigten. Sie wußten, was es für ihre im Norden kämpfenden Truppen bedeutete, diesen Versorgungsstrang zu verlieren: Nordburma würde verloren gehen.

»Wir müssen auf die Höhe!« schrie jemand.

Learson blickte sich um. Da lag der Kommandeur, und bei ihm waren die Gurkhas. Aber noch bevor Calvert angreifen konnte, kam die Nacht, und der Gefechtslärm verebbte für ein paar Stunden. Selbst die in Bäumen hockenden japanischen Scharfschützen verhielten sich ruhig, aus Angst, sich durch ihr Mündungsfeuer zu verraten.

Die Stille täuschte. Auf der Höhe um Henu gruben sich die Japaner ein. Von dieser neuen Stellung aus konnten sie auf die Sperre an der Bahnlinie feuern. Calvert erkannte die tödliche Gefahr und formierte die Chindits noch in der Nacht zum Angriff. Außerdem erbat er über Funk von Philipp Cochran Unterstützung. Die Air Force ließ sich die genauen Koordinaten durchgeben und teilte den Angriffstermin mit.

Bei Sonnenaufgang stürmte Calvert an der Spitze seiner Gurkhas los. Am rechten Flügel verließen Learson und seine Männer ihre Deckung. Was sich in den nächsten, unendlich langen Minuten abspielte, gehört zu den erbittertsten und blutigsten Gefechten, die die Chindits bestehen mußten.

Hügelan stürmten sie, Bajonette aufgepflanzt. Von hinten schossen die Maschinenkanonen, um die japanischen MG-Nester niederzuhalten. Die Gurkhas schwangen ihre Kukris. Spätestens jetzt begriff Learson, weshalb man Calvert »Mad Mike« nannte. Der Kommandeur trug die MPi quer über der Brust, aber in der rechten Hand hielt er ein erbeutetes japanisches Offiziersschwert, mit dem er erbarmungslos auf die japanischen Soldaten eindrosch, die aus ihren Löchern krochen. Als wäre es verabredet, wurden keine Gefangenen gemacht; es gab nur Sieger und Tote.

Plötzlich, als die Sonne schon über dem Horizont stand, dröhnten Flugzeugmotoren. In der vordersten Reihe zündeten einige Männer Rauchbomben und markierten so für Cochrans Bomber die eigenen Linien.

Das Luftkommando hatte inzwischen sogar die ersten »Fliegenden Festungen« erhalten, doch die setzte Cochran nicht ein. Er entschied sich für die Zweimotorigen und vor allem für Jagdbomber. Sie stürzten sich nun auf die Japaner.

Als die Angegriffenen den Bomben auszuweichen versuchten, stießen sie auf in Henu mobilisierte Reserveeinheiten. Diese Truppenkonzentration war ein lohnendes Ziel für die Bomber. Und Calvert ließ sofort weiter stürmen.

Bis Henu hinein zogen dichte Qualmwolken und hüllten das Schlachtfeld ein. Tote und Verwundete bedeckten die Erde. Sanitäter der Chindits lasen die eigenen Leute auf.

In gebührender Entfernung von »White City« gab es einen Verbandsplatz. Dort arbeitete Dr. Coplin, der sich nach dem ersten Einsatz nicht mehr von den Chindits getrennt hatte. Irgendjemand hatte an einem Pfosten vor dem Operationszelt ein Schild angebracht: »Dr. Coplins Kunstfleischerei – Erstklassiger Service – Filiale in Tokio im Aufbau«.

Als Learson hier eintraf, war das Gefecht so gut wie vorbei. Die Japaner verkrochen sich in Henu. An der Ortschaft selbst hatten die Chindits wenig Interesse. Sie beherrschten die Eisenbahnlinie und die Höhen um die Ortschaft. Das reichte. Und die Japaner waren so dezimiert, daß sie die Sperre »White City« in absehbarer Zeit nicht würden beseitigen können. Die Chindits waren entschlossen, weiter nordwärts noch mehrere Sperren auf der Bahnstrecke anzulegen: für alle Fälle. Calvert hatte bereits Befehl gegeben, in spätestens drei Tagen marschbereit zu sein. Lediglich ein Kommando wollte er bei »White City« zurücklassen.

»Herrjeh!« lautete Dr. Coplins erster Kommentar, als Learson bei ihm eintraf. Coplin schlürfte gerade nach einigen Stunden blutiger Arbeit einen Kaffee. »Was hast du gefangen?«

Sie kannten sich lange genug, um relativ formlos miteinander umzugehen. Wie in allen Armeen der Welt lösten sich die strengen militärischen Umgangsformalitäten unter der harten Frontbelastung mehr oder weniger auf und machten einem kameradschaftlichen Verhältnis Platz.

»Schuß in die Wade«, knurrte Learson. »Trink deinen Kaffee erst einmal aus.«

Dr. Coplin, verschwitzt und blutbespritzt, meinte mit einem kritischen Blick auf Learsons Bein: »Wenn du noch gehen kannst, hast du vermutlich Schwein gehabt. Knochen angekratzt?«

»Bin ich der Doc, oder bist du das? Ich erwarte von dir einen Befehl, ab sofort getragen zu werden!«

Inzwischen war ihm ein rötlicher Bart gewachsen, der seinem grinsenden Gesicht den Ausdruck eines Fauns gab, wie man ihn in Märchenbüchern fand.

»Ich werde dafür sorgen, daß man eine japanische Geischa neben dich legt«, spottete Coplin. »Hast du Zigaretten?« Learson gab ihm seine Packung »Woodbine«. Während er den Rauch einzog, deutete der Arzt auf Learsons Wade und forderte ihn auf, das Hosenbein hochzuziehen. Der Schuß saß im Muskel. Coplin würde die Kugel entfernen müssen.

»Leider«, sagte der Arzt. »Leg dich auf die erste Pritsche rechts im Zelt. Wisch vorher das Blut ab, ein Lappen liegt bereit. Und laß dir inzwischen vom Sanitäter eine Spritze geben.«

Genußvoll rauchte er zu Ende, während Learson im Zelt vorbereitet wurde. Die Hitze war fast unerträglich. Als Coplin eintrat, knurrte Learson: »Wehe ich kann danach schlechter laufen als vorher!«

Coplin winkte nur ab. »Halt jetzt die Klappe. Ich habe heute siebenundzwanzig Beine abgesägt, achtzehn Arme, und ich habe in etwa hundert Eingeweiden herumgewühlt. Ob mit Erfolg, wird sich erst herausstellen. Das da bei dir ist ein Witz, aber keine Verwundung. Hätten wir einen Lehrling, würde ich ihn das machen lassen, ohne zuzusehen!«

Er setzte einen Schnitt, fischte die Kugel heraus, legte sie Learson vor die Nase und empfahl ihm, sie als Amulett zu tragen. Dann schloß er die Wunde und streute das obligate Sulfapulver darauf. Ein Sanitäter legte den Verband an und bemerkte dabei lakonisch: »Wenn es anfängt zu jucken, beginnt es entweder zu heilen, oder du hast Dschungelwürmer drin.«

Zu seiner Verwunderung konnte Learson sofort wieder gehen, und die Wunde heilte tatsächlich ohne Komplikationen.

Für Calverts Chindits gab es keine Pause. »White City« blieb in ihrer Hand, auch als die Hauptkräfte Calverts bereits ostwärts in Richtung Mogaung und Myitkyina weiterzogen. An mehreren Stellen legten sie noch Sperren an. Für den Fall, daß es den Japanern doch gelingen sollte, die eine oder die andere zu überrennen.

Sie marschierten auf Hopin zu. Im Norden dieser Stadt, jenseits der Bahn, lag »Blackpool«, ein neuer, von Brigadier Lentaignes Einheit angelegter Stützpunkt mit Landepiste. Von hier bis Mogaung, wo die Japaner einen Umschlagplatz für ihren Nachschub nach Norden und Westen angelegt hatten, waren es etwa fünfzig Kilometer Luftlinie. Noch kürzer war die Entfernung zu den Auffangstellungen, die die Japaner gegen den von Ledo über Shadazup anrückenden Stilwell errichtet hatten, in aller Eile, nachdem sie begriffen hatten, wie stark die Bedrohung für Nordburma war. Es zeigte sich, daß Stilwells Rechnung aufging: Japans Luftwaffe war nicht mehr kampfstark genug, um die Alliierten zu behindern. Nirgends gab es geschlossene Überwachungs- und Verteidigungssysteme, sondern lediglich ein immer löchriger werdendes Netz von Stützpunkten und Verbindungswegen, das den Chindits und den anderen alliierten Truppen reichlich Raum ließ.

Etwa gleichzeitig mit Calverts Chindits stieß westlich der Mandalay-Myitkyina-Bahn und parallel zu ihm die Einheit vor, die Brigadier Lentaigne geführt hatte, bis er den verunglückten Wingate im Kommando hatte ablösen müssen. Die Soldaten betrachteten ihn immer noch als ihren Kommandeur, den neuen kannten die meisten nur oberflächlich. Aber er hatte eine erstklassige Einheit übernommen. Sie waren

148

Luftaufnahme von »Broadway«, dem von den Alliierten unbemerkt im Rücken der Japaner angelegten Landeplatz

von Lentaigne darauf trainiert worden, tagelang unsichtbar zu sein, unbemerkt riesige Entfernungen zwischen den Truppen des Gegners zurückzulegen und dann überraschend zuzuschlagen. Die Japaner sprachen mittlerweile von einer Geisterarmee. Jetzt legte ein Teil der Einheit auf der Bahnlinie zusätzliche Sperren an, während die Hauptmacht relativ unangefochten in Richtung »Blackpool« zog. Von dort würde es weiter auf Mogaung zu gehen, nachdem die Verletzten, die Kranken und auch die Toten von »Blackpool« ausgeflogen waren.

Hatte man Mogaung, so rechneten die Kommandeure der Chindit-Einheiten, dann blieb nur noch eine lächerliche Strecke bis Myitkyina. Von Osten und Norden strebten Chinesen und bei den Alliierten dienende Kachins nach Myitkyina. Von Nordwesten kamen Merrill mit seinen »Marauders« und Stilwell mit zwei chinesischen Divisionen, die Ledo-Straße im Rücken. Von Südwesten drangen Calvert und Fergusson zum Angriff auf das Herz der japanischen Verteidigung im Norden Burmas vor. Hatte man erst einmal Myitkyina in der Hand, egal wieviele verstreute Japaner noch zwischen den Linien umherirrten, dann war Nordburma befreit, China von Süden her nicht mehr bedroht, der Nachschub gesichert und die Rückeroberung Südburmas nur noch eine Frage der Zeit.

Die Alliierten hatten durch ihre unkonventionelle Kriegführung die strategische Initiative an sich gerissen. Daran änderte auch der Vorstoß der Japaner nach Manipur nichts mehr.

Obgleich er die Alliierten zu harten Abwehrkämpfen zwang, waren sie doch im Vorteil, denn je früher es in Nordburma nur noch vereinzelte Widerstandsherde gab, und die Bahnlinie nach Myitkyina nicht funktionierte, desto eher entstand auch für die aus Zentralburma westwärts angreifenden Japaner die Gefahr, abgeschnitten zu werden. Denn die dort angreifenden Truppen waren im wesentlichen auf dem

In den Abwurfzonen zurückgelassene Fallschirme. Für die Bevölkerung in vieler Hinsicht willkommen

weiter südlich verlaufenden Teil der Mandalay-Myitkyina-Bahn herangeschafft worden.

Wing Commander Saunders flog mit seiner »Mosquito« ost-wärts, um Hopin aufzuklären. Eine der letzten Nachrichten lautete, Lentaignes Gruppe habe den Ort genommen, die Japaner würden jedoch mit allen Mitteln gegen »Blackpool« und Hopin vorgehen. Flugzeuge scheinen sie kaum noch in dieser Gegend zu haben, überlegte Saunders, denn bisher hatte er weit und breit keine japanische Maschine entdeckt. Vermutlich machte sich der Mangel an Nachschub bereits bemerkbar.

Saunders betätigte die Kamera, während er das Gebiet ab-flog. Die Japaner hatten von der Sperrfront gegen Stilwell, der noch nicht angekommen war, schwere Artillerie abgezogen. 7,5-cm- und 10,5-cm-Granaten schlugen auf »Blackpool« ein. Die Landepiste war bereits zerstört, die Verteidiger hatten sich auf ein paar Hügel zurückgezogen. Hier befanden sich die Chindits zwar in einer kritischen Lage, setzten aber alles daran, sich zu behaupten. Für Saunders, der das Kräfteverhältnis besser beurteilen konnte, ein aussichtsloses Ringen.

»Den Chef persönlich!« verlangte er über Funk. Lentaigne, dem seine frühere Chindit-Einheit am Herzen lag wie ein eigenes Kind, hörte sich Saunders Bericht schweigend an.

»Es wimmelt von Japanern«, erklärte der. »Widerstand bringt da nur Verluste. Ausweichen muß man und woanders zuschlagen, wo die Kerle schwächer sind …«

»Augenblick!« unterbrach ihn Lentaigne nun. »Die Befehle gebe immer noch ich. Was ist mit der Piste?«

»Zerstört. Keine Landung mehr möglich.«

Das genügte Lentaigne. Saunders Bericht bedeutete, daß man keine Verwundeten mehr ausfliegen konnte. Lentaigne überlegte nicht lange. Zwar hatten die Bodentruppen gemeldet, es gehe hart zu, man sei aber zuversichtlich. Trotzdem entschied er sich für die Aufgabe von »Blackpool«. Zwanzig Tage dauerten dort die Kämpfe bereits an, und das entsprach keineswegs den von Wingate entwickelten Prinzipien der Kriegführung im Rücken des Gegners: zuschlagen und verschwinden!

»Abrücken in Richtung Mogaung. Verwundete zum Indawgyi-See.« So lautete der Befehl an die Verteidiger von »Blackpool«. Auch das wäre noch eine schwierige Operation gewesen, angesichts der fast vollendeten Einschließung. Aber das Wetter kam den Chindits zu Hilfe. Es war die letzte Maiwoche, und als Saunders das Gespräch mit Lentaigne führte, schmerzten ihn schon nach wenigen Minuten die Ohren wegen der starken Funkstörungen. Elektrische Entladungen dieser Intensität kündigten den Monsun an.

Noch bevor er den Chindwin überflog, wurde seine Maschine von einer kräftigen Bö gepackt und wie ein welkes Blatt in die Höhe gewirbelt. Hoffentlich halten die Tragflächen der Belastung stand, schoß es ihm durch den Kopf. Wasser ergoß sich in wahren Sturzbächen. Als Saunders höher zog, geriet er in eine kältere Luftschicht. Nun bestand die Gefahr der Vereisung. Um ihr zu entgehen, mußte er wieder hinunter. Sofort begann das Gerüttel von vorn.

Saunders war glücklich, als er endlich wieder festen Boden unter den Füßen hatte. Diesen Flug würde er so schnell nicht vergessen.

Schlimmer noch waren die Chindits aus »Blackpool« dran. Zwar trieb der Monsun die Japaner in Deckung, aber sich bei diesem Regen durch den Dschungel zurückzuziehen, kostete die Männer unendlich viel Kräfte. Nordwärts, auf Mogaung zu, kamen sie noch einigermaßen gut voran. Zur Plage wurde der Weg für die Kämpfer, die westwärts zum Indawgyi-See marschierten. Sie trugen die verwundeten Kameraden auf dem Rücken und mußten sich einen Pfad durch klatschnasses Elefantengras und widerspenstigen Busch freischlagen. Als sie die letzte Hügelkette vor dem See erreichten, mußten sie, um nicht abzurutschen, Stufen in die morastige Erde schachten. Niemand hätte in ihnen Soldaten erkannt, als sie endlich am See ankamen. Sie glichen abgerissenen, halbverhungerten Strauchdieben. Der letzte Proviant war längst aufgegessen, und es bestand wenig Hoffnung, irgendwo etwas Eßbares aufzutreiben.

In dieser Situation bewährte sich wieder einmal Phil Cochrans Einfallsreichtum. Er hatte seine Luftstreitmacht buchstäblich auf alle Eventualitäten vorbereitet.

Für die Fernaufklärung über See waren schon vor Beginn des Krieges in England die »Sunderland«-Flugboote entwickelt worden, schwere, viermotorige Maschinen mit einer Reichweite von 5 000 Kilometern, von denen einige zur U-Boot-Jagd im Indischen Ozean eingesetzt waren. Cochran brachte es fertig, zwei dieser Maschinen aus Chittagong zu beschaffen: »Gert« und »Daisy«, geflogen von äußerst erfahrenen Piloten.

Cochran ließ die Bordwaffen und jeglichen unnötigen Ballast abmontieren, und kurz nachdem die ausgepowerten Chindits mit ihren verwundeten Kameraden am Indawgyi-See am Ende ihrer Kräfte zu Boden sanken, donnerten die Flugboote heran. Sie hatten Lebensmittel und Medikamente an Bord. Kurz nach der Landung wurden die ersten Verwundeten verladen, und die erste Maschine hob ab.

Learson hatte als einer der Stärksten einen Sergeanten bis zum See geschleppt. Jetzt lag er am Ufer im Gras und ließ sich den Monsunregen ins Gesicht prasseln. Es war angenehm kühl, und man hatte Ruhe, für eine Stunde vielleicht. Träge beobachtete er, wie »Daisy« abhob, Schaum und aufgewirbeltes Wasser hinter sich lassend. Seine Verwundung an der Wade war ohne Komplikationen verheilt. Der Sergeant, den er hierher gebracht hatte, war am Kopf verletzt. Ihn erwartete eine wesentlich schwierigere Operation.

Die Gewißheit, als Verwundeter nicht verloren zu sein, stärkte die Moral der Chindits enorm. Sie verluden am Indawgyi-See etwa 600 Verwundete und Kranke. Anschließend traten sie den strapazenreichen Marsch nordostwärts an. Im Mogaung-Tal würden sie auf ihre Kameraden treffen, die sich dort inzwischen festgesetzt hatten. Von hier aus würde ein entscheidender Schlag auf Myitkyina geführt werden, sobald Stilwell nahe genug herangekommen war.

Myitkyina

Frank Merrill litt an einer chronischen Herzkrankheit, aber er hatte es stets verstanden, niemanden davon etwas merken zu lassen. Lediglich der Arzt seiner Einheit wußte davon und rügte gelegentlich den Brigadier, wenn er ihn rauchend antraf. Frank Merrill gelobte immer wieder Besserung. Trat aber eine kritische Situation ein, griff er seelenruhig wieder zu Pfeife und Tabak.

Am 7. Februar 1944 war er mit seinen »Marauders« von Camp Margherita, in der Nähe von Ledo, als Flankenschutz für Stilwell aufgebrochen. Im Verlaufe der Operation waren seine anfangs nur etwa ein Bataillon starken »Marauders« aufgefüllt worden. In Burma verfügte er nun bereits über mehrere Bataillone. Ähnlich wie die Chindits waren sie in Kampfgruppen von unterschiedlicher Stärke aufgeteilt, die zwar abgestimmt, aber doch relativ selbständig handelten. Allein 700 Packtiere gehörten zu den »Marauders«. Sie schleppten Munition, Verpflegung und zerlegte schwere Waffen. Ein Transportgeschwader versorgte seine Gruppen täglich aus der Luft mit ca. 15 Tonnen Nachschub. Jagdschutz war inzwischen selbstverständlich.

Begonnen hatte Merrills Unternehmen nicht gerade glücklich. Drei Wochen war man von Assam nach Burma hineinmarschiert, ohne auf den Gegner zu stoßen. Man wußte zwar, daß die Japaner die eroberten Gebiete nicht mehr flächendeckend überwachen konnten, und hatte das auch der Operation zugrunde gelegt, doch das riesige Gebiet barg immer noch die Gefahr plötzlicher Überfälle.

So zogen die »Marauders« ihren Weg ostwärts, bis sie plötzlich kurz vor einer winzigen Ortschaft beschossen wurden. Es war nur ein kleines japanisches Kommando, das hier auf Vorposten lag, aber es hatte ein MG in guter Stellung. Schon die erste Salve, die in diesem Krieg auf die »Marauders« abgefeuert wurde, tötete den ersten amerikanischen Infanteristen, der auf dem asiatischen Festland seit dem Boxeraufstand um die Jahrhundertwende zu beklagen war: den Private Robert Landes. Seine Kameraden vernichteten das MG-Nest ohne weitere Verluste. Doch von nun an war es nicht mehr der sorglose, ungestörte Vormarsch.

Von Tag zu Tag häuften sich die Zusammenstöße. Manchmal traf man nur auf einzelne Scharfschützen, die in hohen Bäumen hockten, dann wieder auf in dunkles Kaliko gekleidete Gestalten, die sich nicht von burmesischen Dorfbewohnern unterscheiden ließen. Waren die »Marauders« nahe genug heran, warfen sie plötzlich Handgranaten und entpuppten sich als japanische Soldaten.

Es war ein Marsch mit vielen Aufenthalten, verursacht durch Überfälle, durch Fallgruben auf den Dschungelpfaden oder durch Minen, die die Japaner geschickt zu legen verstanden. Kein Zweifel, die »Marauders« waren nicht mehr »unsichtbar«, der Gegner wußte, wo sie sich befanden. Aber er hatte ihnen vorerst nichts weiter entgegenzusetzen als vereinzelte Hinterhalte. Hinter Maingkwan hatten die Japaner nur noch in größeren Abständen Posten. Merrill schwenkte mit seinen Leuten unmittelbar auf Myitkyina ein, während Stilwell sich etwas südwärts hielt, auf Shadazup zu, mit der Möglichkeit, bei Mogaung zuzuschlagen, einer der größeren japanischen Garnisonen.

Nachts zündeten die »Marauders« ihre Signalfackeln, wenn die C-47 Nachschub brachten. Zum ersten Mal flogen sie jetzt auch Uniformen ein, denn der strapaziöse Marsch verschliß die Kleidung schneller als berechnet.

Verwundete gab es erst wenige, aber der Monsun forderte

Nicht nur Waffen und Verpflegung wurden an Fallschirmen abgeworfen, sondern auch Behälter mit Wasser, da die meisten Wasserstellen verseucht waren

seinen Tribut. Malaria, unbekannte Fieberkrankheiten und Lungenentzündungen häuften sich. So nutzte die Einheit jede Chance, schnell eine Landepiste zu schlagen, um Kranke ausfliegen zu lassen und einige unentbehrliche Spezialisten zu ersetzen: MG-Schützen, Minensucher, Bedienungspersonal für Flammenwerfer oder »Bazookas«.

Wingates Theorie, im Hinterland der Japaner ziemlich ausgedehnte Operationen unternehmen zu können, bestätigte sich ebenso wie die Richtigkeit seiner Forderung nach einer leistungsfähigen Luftflotte, um die Truppen versorgen und mit den Basen in Assam in Verbindung bleiben zu können.

Merrill hatte wie immer Späher ausgeschickt. An einem düsteren Apriltag, als sich die Truppe mühsam durch den Schlamm auf eine noch ziemlich entfernt liegende Bergkette zu schleppte, stießen sie auf ein Dorf. Der Ort sei in den Karten nicht verzeichnet, meldeten sie. Er sei unbewohnt, die Hütten seien intakt. Nun wollten sie von Merrill wissen, wie sie sich verhalten sollten.

Merrill hockte auf einem umgestürzten Baum und versuchte, wieder zu Kräften zu kommen. Ein Fieberanfall schüttelte ihn, und sein angeschlagenes Herz machte ihm mehr zu schaffen als sonst. Nicht einmal die Pfeife schmeckte ihm. Für Merrill ein schlechtes Zeichen.

»Aufklären«, entschied er. »Wir könnten einen Tag Ruhe gebrauchen. Vielleicht haben sich die Dörfler nur versteckt.« Eine Patrouille brachte zwei Stunden später eine junge Frau mit einem Baby, die sie im Busch aufgestöbert hatte. Eine Kachin-Frau, zierlich, mit fein geschnittenem Gesicht, sehr langem, vollem Haar, in dem eine silberne Nadel steckte, und total durchnäßt.

In Merrills Einheit gab es mehrere Kachins, junge Burschen, die vor dem Krieg mit amerikanischen Missionaren zusammengekommen oder gar Missionsschulen besucht hatten. In den nordburmesischen Bergen gab es einige davon. Auch so mancher Arzt hatte sich gewissermaßen aus der amerikanischen Zivilisation verabschiedet und sich hier, bei den gastfreundlichen Kachins angesiedelt. Amerika genoß in den Kachin-Bergen einen guten Ruf. Jetzt dienten die jungen Leute bei Merrill oder Stilwell als Dolmetscher.

Kauwuang war einer von ihnen. Er behauptete zwar, zwanzig Jahre alt zu sein, aber Merrill schätzte ihn auf knappe sechzehn. In ihm hatte die Einheit nicht nur einen Dolmetscher, sondern auch einen ausgezeichneten Aufklärer.

Kauwuang kam gemächlich angeschlendert, als Merrill ihn rufen ließ. Einen Kachin treibt man nicht zur Eile an, er ist stolz und selbstbewußt, und er dient, weil er das will, nicht weil es ihm befohlen wird. Merrill wartete geduldig. Er war lange genug in diesem Teil der Welt, um die Sitten zu kennen. Die Frau saß mit dem Baby an der Brust eingeschüchtert unter einer ausgespannten Zeltplane und blickte dem Dolmetscher mißtrauisch entgegen.

Merrill bat Kauwuang, die Frau nach den anderen Dorfbewohnern zu fragen und ob es Japaner in der Gegend gäbe.

Kauwuang führte mit der Frau ein längeres Gespräch. Noch während sie sich unterhielten, griff der Kachin in die Tasche, holte eine Rolle Kautabak hervor, schnitt eine generöse Scheibe davon ab und reichte sie der Frau. Sie steckte den Tabak sofort in den Mund und begann zu kauen.

»Sind das Japaner?« fragte sie dann leise und deutete auf Merrills Männer.

Der Dolmetscher erklärte ihr lachend, daß es Amerikaner seien. Der Monsun und der Dreck hätten ihre Uniformen so zugerichtet, daß man sie leicht mit den Bushido-Kriegern verwechseln könne. Man müsse in ihre Augen sehen, um sie zu unterscheiden. Nach und nach faßte die Frau Vertrauen. Nicht nur weil er selbst ein Kachin war, ihre Sprache beherrschte und ihr, als sie durchblicken ließ, sie habe tagelang nichts gegessen, von einem Küchengehilfen eine Büchse Fleisch holen ließ, die sie zur Hälfte aufaß. Die andere Hälfte wollte sie ihrem Mann bringen.

»Wo ist er?«

Die Frau verschloß sich sofort. Sie redete etwas von Wald und behauptete, sie würde den Weg nicht kennen.

Kauwuang riet Merrill: »Es ist besser, wir lassen sie gehen, ohne weitere Fragen zu stellen. Sie wird die Leute ins Dorf zurückbringen, wenn sie uns vertraut.«

»Hauptsache sie ist keine japanische Spionin«, meinte Merrill.

Der Dolmetscher lächelte nur. Er kannte seine Landsleute besser. Sie ließen die Frau gehen, nachdem sie ihr eingeschärft hatten, jetzt seien die Amerikaner da, und die Japaner würden niemanden mehr quälen dürfen.

Merrill ließ die Soldaten in das Dorf einrücken. Es bestand aus einigen Dutzend Pfahlhäusern. Nichts war zerstört. Auch die Minensucher fanden keine versteckten Sprengkörper. Trotzdem durfte niemand die Häuser betreten. Die Soldaten lagerten auf dem Dorfplatz. Selbst die Hühner, die herumliefen, und ein quiekendes Schwein ließen sie auf Befehl in Ruhe. Bis zum Abend geschah nichts. Die Posten, die Merrill hatte aufstellen lassen, meldeten erst gegen Mitternacht einen Mann, der den Chef der fremden Truppe zu sprechen wünschte.

Merrill lag auf einem Polster aus trockenem Gras, das die Soldaten unter einem Pfahlbau gerupft hatten, zugedeckt mit einer Zeltplane, denn er fieberte wieder. Der Schüttelfrost ließ seine Zähne klappern. Malaria, meinten die Sanitäter, doch der Arzt, der die Truppe betreute, glaubte nicht daran. Er hatte persönlich überwacht, daß der Kommandeur regelmäßig seine Atebrin-Tabletten einnahm.

Merrill ließ den Mann, der den »Chef« zu sprechen wünschte, zu sich bringen. Es war ein kahlgeschorener, in ein angeschmuddeltes und durchnäßtes Gewand von einstmals orangener Farbe gekleideter Mönch, der artig die Hände zum Gruß faltete. Er hielt sie ziemlich hoch, was große Ehrfurcht bedeutete. Kauwuang dolmetschte. Der Mönch sei aus seinem Kloster in Myitkyina zu Besuch bei seinen Eltern im Dorf gewesen, als eine kleine Gruppe Japaner die Gegend durchstreifte. Die Dorfleute seien daraufhin alle in den Dschungel geflüchtet. Doch jetzt sei die Gefahr vorbei. Ob der amerikanische Chef gestatte, daß sie zurückkehrten.

Merrill brachte zwischen den klappernden Zähnen hervor: »Natürlich sollen sie zurückkommen. Wir haben das der Frau doch schon gesagt. Wir sind auf dem Durchmarsch, und wir werden nichts anrühren, was den Dorfleuten gehört.«

Der Mönch nahm Merrills Antwort erleichtert zur Kenntnis. Er war noch nicht sehr alt. »Was fehlt dem Chef?«

»Fieber«, antwortete der Dolmetscher lakonisch. Er müsse etwas ruhen, denn sie hätten noch einen weiten Weg.

Der Mönch blickte nachdenklich auf Merrill und erkundigte sich, ob es keine Medizin für den Chef gäbe? Als er erfuhr, daß die fremden gelben Pillen nicht geholfen hätten, verbeugte er sich wieder mit vor dem Mund gefalteten Händen und verschwand in die Dunkelheit.

Eine Stunde später tauchten die ersten Einwohner auf. Überwiegend Männer, jüngere Frauen, Greisinnen, Kinder, die verstört auf die Soldaten schielten. Der Sergeant, der die Verpflegung hütete, verteilte Schokolade. Es dauerte nicht lange, dann brannten im Dorf die ersten Feuer. Ein alter Mann erschien bei Merrill, verbeugte sich achtungsvoll und ließ ihn durch den Dolmetscher fragen, wann er zum letzten Mal uriniert habe.

»Vor Stunden«, gab Merrill Bescheid. Der Alte hielt ihm eine Tonschale hin und ließ ihn sein Wasser abschlagen. Er besah es sich mit gerunzelter Stirn, roch daran, schließlich kippte er es weg und verschwand. Kurz darauf kam er mit einem Mörser wieder, in dem er getrocknete Wurzeln zerstampfte. Als er mit dem Ergebnis zufrieden war, schüttete der Alte den Inhalt des Mörsers in kochendes Wasser und ließ ihn ziehen. Schließlich ermunterte er Merrill, die Brühe zu schlürfen. Sie würde ihn am nächsten Tag gesund machen, die Krankheit müsse aus dem Körper gespült werden, sie habe »den Kreislauf der Säfte« durcheinandergebracht. Merrill gehorchte. Wie er wußte, verfügten diese Naturheiler über bewundernswerte Kenntnisse. Während die Einheimischen sich zögernd den Soldaten näherten, ihnen Obst anboten, auch fürchterlich stinkenden Landtabak oder Hühnereier, trank ihr Kommandeur die »Medizin«.

Gegen Morgen urinierte er in immer kürzeren Abständen eine nahezu schwarze Flüssigkeit, aber das Fieber sank. Über das Gesicht des Alten, der immer noch neben ihm hockte, huschte ein zufriedenes Lächeln.

Bei Sonnenaufgang wurden die Posten an der Ostseite des Dorfes auf einen jungen Kachin aufmerksam, der aus dem

Das Gesicht des Dschungelkrieges: Ein Angehöriger der amerikanischen Kommandotruppe »Merrills Marauders« betrachtet einen getöteten Japaner

Dschungel kam. Er trug ein japanisches Gewehr auf dem Rücken. Auch er wollte den »Chef« sprechen.

Merrill fühlte sich um diese Zeit schon so gut wie gesund. Darum verstand er auch nicht, warum ihn der Alte jetzt zwang, Unmengen heißen Wassers zu trinken. Ein Posten brachte den Kachin. Der salutierte stramm und eröffnete Merrill, er sei Mitglied einer bewaffneten Gruppe aus einem Nachbardorf. Die Japaner hätten den Ort verwüstet. Deshalb hätten die Männer den Kampf aufgenommen.

»Männer?« fragte Merrill den Dolmetscher. »Er ist vielleicht vierzehn!«

Kauwuang erkundigte sich und sagte dann: »Fünfzehn. In diesem Alter ist man bei uns ein Krieger. Oder man heiratet. Oder beides.«

»Was will er?«

»Gewehre«, sagte Kauwuang. »Sie haben nur wenige Waffen, von getöteten Japanern, aber sie wollen gegen die Japaner weiterkämpfen. Rache nehmen.«

Am Vormittag ließ sich Merrill vom Funker eine Verbindung mit der Basis herstellen und meldete den Vorfall. Er war keine Einzelerscheinung. An vielen Stellen boten inzwischen Einheimische ihre Hilfe gegen die Japaner an. Schließlich einigte man sich, bei Sonnenuntergang einige Maschinen mit Verpflegung und Waffen zu schicken. Ein Mann, der sich auf den Umgang mit Kachins verstand, würde abspringen.

Die »Marauders« rasteten den ganzen Tag. Sie wuschen ihre Uniformen, reinigten ihre Waffen und schliefen. Warmes Essen wurde auf Kochstellen unter den Pfahlhäusern zubereitet. Inzwischen hatten sich die Dorfbewohner an die Fremden gewöhnt, die Kinder spielten mit den Soldaten. Als die Sonne sank, zur besten Zeit für einen Abwurf, erschienen drei »Dakotas« über dem Dorf und warfen Behälter ab. Der Sachverständige für Kachins war ein Master Sergeant, der lange Zeit in der Gegend um Fort Hertz stationiert war.

Er hatte Hunderte Kachins im Gebrauch amerikanischer Waffen ausgebildet und sprach ihre Sprache. Der junge Abgesandte zog noch in der Nacht mit ihm los, um die eigenen Leute zu suchen, damit sie die abgeworfenen Waffen zu ihrem Versteck schleppen konnten.

Für Merrill war eine bedeutungsvolle Nachricht abgeworfen worden: Der Befehl, sofort in Richtung Myitkyina aufzubrechen und nach Möglichkeit dort den Platz für eine Landepiste zu sichern. Nach und nach würden weitere Einheiten aus verschiedenen Richtungen dort eintreffen, um den Angriff auf diese wichtige Stadt zu beginnen.

Merrill sah, daß seine Soldaten bei weitem noch nicht ausgeruht genug waren, um die letzte Wegstrecke, immerhin etwa 70 Kilometer Luftlinie, in Angriff zu nehmen. Der Weg führte über eine mehr als 2 000 Meter hohe, schroffe Bergkette, die nur am Nauri-Paß zu überwinden war; einer engen Stelle, wo vermutlich die Japaner saßen. Und dazu der Monsun. Es war erst Ende April.

Merrill behielt recht. Die Truppe brauchte drei kräftezehrende Wochen, bis sie den Kamm der Bergkette erreichte. Aber sie hatte einen Vorteil, von dem der japanische Posten auf dem Nauri-Paß nichts ahnte: Der Mönch, der in der Nacht im Dorf erschienen war, machte den Weg nach Myitkyina nicht zum ersten Mal, und er kannte Pfade, von denen die Japaner nichts ahnten. So führte er die »Marauders« durch enge Schluchten und über steile Abhänge bis zu einer Stelle auf der Ostseite der Kette, von der aus sie unter sich plötzlich den Flugplatz von Myitkyina liegen sahen.

»Vierundzwanzig Stunden absolute Ruhe«, befahl Merrill. Dann bereitete er mit den rückwärtigen Diensten, mit Stilwell und Calvert über Funk den Angriff vor.

Späher stellten fest, wo sich am Flugplatzrand die stärksten japanischen Posten befanden. Am Abend des 16. Mai 1944 rief Merrill seine Einheit zusammen und erklärte, dies

»Marauders« vor ihrem Lastensegler »Horsa«. Die Kommandounter-
nehmen dieser Truppe waren von großer Bedeutung für die Zermürbung
des Gegners

sei vermutlich die letzte große Anstrengung, die sie auf sich nehmen müßten: Myitkyina!

»Wir greifen beim ersten Tageslicht an«, sagte er und legte mit den Gruppenführern die Richtungen fest, aus denen sie gemeinsam zuschlagen würden. Über die Berge hatten sie mühevoll einige 2-cm-Kanonen geschleppt, die nun vieles entscheiden würden. Und, erklärte Merrill seinen Männern, sobald der Angriff lief, würden im Westen die C-47 starten, mit allem was man brauchte. Sie würden auf der eroberten Landebahn niedergehen.

Die Überraschung gelang. Die Japaner hatten noch kurz zuvor Truppen von Myitkyina nach Mogaung verlegt, weil sie dort den entscheidenden Vorstoß erwarteten. Eine verhängnisvolle Entscheidung. Als die »Marauders« sich von den Höhen kommend auf die Sicherungen stürzten, dauerte es kostbare Minuten, bis die Verteidiger sich gegen die von allen Seiten auf sie eindringenden Gegner überhaupt formieren konnten. Und die »Marauders«, die wußten, daß hier ihr qualvoller Weg erst einmal zu Ende sein würde, ließen sich durch nichts aufhalten.

Sie jagten die verblüfften japanischen Posten aus ihren Löchern, die 2-cm-Kanonen zerschossen die wenigen Flugzeuge am Rande der Piste, und nach einigen Stunden war der Platz in ihrer Hand. Selbst die Rollbahn war intakt. Sie mußten nur die herumliegenden Trümmer wegzerren, dann konnten die Flugzeuge landen. Keine Minute zu früh: Genau fünf Stunden nach Angriffsbeginn donnerten die ersten C-47 heran, einige mit Lastenseglern im Schlepp, die technisches Gerät, Bulldozer und Räumbagger brachten. Pioniere landeten und begannen mit dem Ausbau der Kontrolleinrichtungen, während noch aus Myitkyina vereinzelt japanische Granaten heranheulten und auf dem Flugplatzgelände einschlugen.

Jede landende Maschine wirbelte hohe Dreckfontänen

auf, das Wasser stand an manchen Stellen fußhoch auf der Piste. Aber sie gehörte den Amerikanern. Die Japaner fanden keine Kraft zu einem sofortigen Gegenangriff. Bis sie sich gefaßt und umgruppiert hatten, war der Platz voll in Betrieb und durch englische Fliegerabwehrtruppen der 14. Armee gesichert. Gelegentliche Granateinschläge oder Scharfschützen konnten das Blatt nicht mehr wenden. Der Knotenpunkt Myitkyina war für die japanische Armee verloren, obwohl es in der Stadt, einige Kilometer entfernt in einer Schleife des Irawadi, noch etwa 1500 japanische Soldaten gab, zur Verteidigung entschlossen.

General Stilwell landete mit einer der kleinen Verbindungsmaschinen kurz nach der Sicherung des Flugplatzes, in verschmutzter Uniform, den zerknautschten Hut auf dem grauen Schopf, zwischen den Lippen eine Zigarette. Merrill begrüßte ihn, und Stilwell stellte vergnügt fest: »Mein lieber Junge, es scheint, wir sind in Myitkyina, sieh mal an!«

Während er sich den Platz besah, landeten in dichter Folge die schweren Transportmaschinen und luden Material aus. Hoch in der Luft patrouillierten »Mustangs« und »Tomahawks« und wehrten vereinzelt aus dem Süden anfliegende japanische »Zeros« ab.

Jenseits des Irawadi eroberte Lentaignes Chindit-Gruppe zur selben Zeit Mogaung, nachdem die Air Force die Stadt »weichgeklopft« hatte.

In der Stadt stand kein Stein mehr auf dem anderen. Wo man auch hinsah, nur Trümmer und verkohlte Bäume.

Der Ring um Myitkyina schloß sich schnell. Von Norden rückten Kachin-Einheiten an, von Südwesten Calverts und Lentaignes Chindits. Von Osten griffen chinesische Verbände in das Geschehen ein. Das Schicksal der Verteidiger der Stadt war besiegelt. Aber sie kämpften weiter, mit fanatischer Entschlossenheit. Die Air Force lud Tonnen von Bomben über ihnen ab. Trotzdem krallten sie sich in den Trümmern fest, und es dauerte genau 78 Tage, bis endlich, am 3. August, der letzte japanische Widerstand gebrochen war.

Während der achtmonatigen Operation in Nordburma waren nach den ersten Erhebungen 22 000 Japaner getötet und eine unbekannte Zahl verwundet worden, 3 650 allein bei Myitkyina und Mogaung. Bezeichnend für den ungebrochenen japanischen Fanatismus war die Zahl von nur 200 Gefangenen.

Statistiker hatten inzwischen errechnet, daß die Kosten für Stilwells Ledo-Straße, die jetzt ohne nennenswerte Hindernisse bis zum Anschluß nach China fertiggestellt werden konnte, 137 Millionen Dollar betrugen, eine am Gesamtergebnis gemessen eher bescheidene Summe.

Der strategische Wert Myitkyinas ließ sich nicht in Dollars ausweisen. Allein der Flugplatz, bereits vor dem Krieg die wichtigste Zwischenstation der China-Indien-Fluglinie, ersparte viele Millionen an Kosten, die bei der gefährlichen Route über den Himalaya anfielen.

Durch die von Stilwell »mitgezogene« Treibstoffleitung nach Myitkyina war die Versorgung der kämpfenden Einheiten mit Kraftstoff erheblich leichter geworden. Eine Art Garantie für höchste Mobilität beim weiteren Vordringen nach Süden, auf Mandalay zu, dem nächsten großen Ziel.

Ins Gewicht fiel außer der Tatsache, daß sich mit Myitkyina die wichtigste Nord-Süd-Achse per Bahn und per Straße sperren ließ, daß der Irawadi hier schiffbar wurde. Eine weitere Verkehrsader, die auf das Herzstück der japanischen Burma-Besatzung zielte.

Die Air Force baute den Flugplatz von Myitkyina sofort zur Bomber- und Jagdfliegerbasis aus. Von hier aus konnte man Zentralburma viel schneller erreichen als von den indischen Flugplätzen. Stadt, Flugplatz und Flußhafen waren von enormer strategischer Bedeutung. Von hier aus ließen sich die Reste der Japaner in Nordburma relativ leicht ausschalten. Außerdem konnte man über die nach Süden führenden Verkehrswege den zwischen Zentralburma nach Manipur und Assam vorgestoßenen japanischen Truppen in den Rücken fallen, sie von ihren rückwärtigen Diensten abschneiden und ihnen letztlich sogar den Rückzugsweg verlegen.

Griff nach Indien

General Mutaguchi hatte die japanische Offensive, die bis Delhi reichen sollte, bereits 1943 konzipiert. Damals erklärte er seinen engeren Mitstreitern: »Diese Operation wird über die weitere Entwicklung des Krieges in Asien entscheiden.« Er ahnte nicht, wie schwerwiegend diese Worte waren.

Der Stratege Mutaguchi beabsichtigte, an der Zentralfront über den indischen Staat Manipur weiter nach Assam und tatsächlich bis ins Herz Indiens vorzustoßen.

Zunächst sollte die am weitesten östlich gelegene alliierte Basis in Imphal überrannt werden, womit die wichtigste Sperrposition des Gegners an der Zentralfront ausgeschaltet gewesen wäre. Danach wollte man die für die Alliierten strategisch wichtige Bengal-Assam-Eisenbahn unterbrechen und damit General Stilwells Versorgungslinie für die Kampagne im Norden Burmas zerstören. Ihm bliebe dann nur wieder der Rückzug nach Ledo. Nicht zuletzt sollte Japans Vorstoß die Flugplätze der Alliierten in Assam beseitigen, womit nicht nur die ständig steigende Gefahr von Luftangriffen gebannt, sondern auch die von Assam aus über den Himalaya laufende Luftversorgung Chinas unterbrochen gewesen wäre.

Nach verschiedenen Mißerfolgen auf anderen Kriegsschauplätzen würde das Gelingen dieser Aktion kriegsentscheidend sein, und so formulierte es Mutaguchi auch. Die Kommandeure teilten seine Meinung, ebenso die höchsten Dienststellen in Tokio.

100 000 japanische Soldaten, die 33., 15. und 31. Division mit noch perfekter Logistik, standen etwa um die Zeit, als Stilwell im Norden seinen Vormarsch begann, zum Angriff bereit.

Die 33. Division sollte Imphal von Süden her angreifen, umgehen und einschließen, wobei der wichtigste Vorposten in Tiddim, an der Straße vom burmesischen Kalewa nach Imphal, auszuschalten war.

Die 15. Division sollte von Tamu und Thaungout aus auf Imphal vorstoßen und die Einschließung vollenden.

Der 31. Division, deren Ausgangspunkt weiter nördlich lag, etwa bei Homalin am Chindwin, hatte die Aufgabe, die Stadt Kohima nördlich von Imphal zu erobern und dann die Station Dimapur an der Bengal-Assam-Bahn einzunehmen, eine ideale Ausgangsposition für den weiteren Vorstoß in die Ebene von Assam.

»Diese Operation wird Aufmerksamkeit in der ganzen Welt erregen, hundert Millionen unserer Landsleute erwarten sie. Ihr Ausgang wird eventuell den Krieg beenden. Deshalb muß jedes Quentchen Energie und kriegerisches Können in die Waagschale geworfen werden …«, hieß es in Mutaguchis Tagesbefehl zum Angriffsbeginn.

Im März, nur wenige Tage nachdem Wingates Chindits in ihrem nördlichen Hinterland gelandet waren, schlugen die Japaner an der Zentralfront los. Ihnen gegenüber lag am südlichen Abschnitt, bei Tiddim, die bewährte 17. Indische Division, die 20. Indische wachte weiter nördlich über das Kabaw-Tal bis nach Tami.

Nördlich von Imphal, bei Ukhrul stand die 23. Indische Division, die auch alle Gebirgspfade nach Imphal abriegelte.

Rückwärtige Dienste, Flugplätze und Depots befanden sich in Alarmzustand, jeder Soldat in der Stadt wurde in die Verteidigung einbezogen, egal ob Infanterist oder Koch. Die alliierte Seite unterschätzte ihren Gegner nicht. Sie hatte in Arakan die Erfahrung gemacht, daß die Kampfkraft des ja-

171

panischen Angreifers bei weitem noch nicht gebrochen war. Hier an der Zentralfront würde sich zeigen, ob man die angreifenden Verbände durch eine entsprechende Taktik entscheidend demoralisieren konnte. Verstärkungen standen den Alliierten noch zur Verfügung. Ihre Heranführung und der Vorstoß der Japaner verliefen etwa parallel. Aber die Alliierten hatten zwei von den Japanern wohl doch nicht in ihrer ganzen Bedeutung erkannte Vorteile: Für sie war die Heranführung frischer Truppen einfacher, zumal die Transportkapazität der Air Force durch den Zugang neuer Maschinen stetig erhöht werden konnte. Und die Air Force würde mit ihren Kampfflugzeugen über die Luftherrschaft im Kampfgebiet keine Zweifel aufkommen lassen.

Die Japaner hingegen mußten weite Strecken zur Versorgung ihrer Truppen überwinden, und je schneller sie vorstießen, desto prekärer würde die Versorgungslage. Das wiederum zogen die Alliierten ins Kalkül. Durch eine elastische Verteidigung zogen sie die japanischen Truppen immer weiter vorwärts und verlängerten so deren ohnehin lange Versorgungswege, die sie vom ersten Tag an erbarmungslos aus der Luft angriffen, so daß der Nachschub bereits nach einigen Tagen zur entscheidenden Frage für die Japaner wurde. Wer letztlich die besseren Karten in dieser Runde haben würde, ließ sich noch nicht absehen.

Lance Corporal Eric Tomlin lag am 7. März 1944, als die japanischen Patrouillen pausenlos angriffen, an der Südflanke der Zentralfront. Über ihm ragte der annähernd 3 000 Meter hohe Kennedy Peak auf, unweit der Straße, die von Kalewa am Chindwin über das nur mäßig befestigte Fort White nach Tiddim führte, wo die Stäbe lagen, und von da über die Grenze nach Indien hinein, bis Imphal.

»Was wollen die schon von uns«, krähte einer der jüngeren Soldaten, die erst vor kurzer Zeit aus England angekommen waren. »Die 17. ist seit zwei Jahren ungeschlagen, sie werden uns auch hier nicht aus der Ruhe bringen.«

Der, dem ein solches Urteil nach allem, was er seit Kriegsbeginn erlebt hatte, vielleicht eher zugestanden hätte, schwieg. Eric Tomlin wußte, diese Jungen machten sich nur Mut, wenn sie nicht gerade Blutegel von den Beinen klaubten, Moskitos verjagten oder sich bei Beschuß in ihre Löcher verkrochen. Man mußte sie so nehmen, wie sie waren, vielleicht war man ja selber einmal so gewesen, am Anfang, voller unbekümmerter Siegeszuversicht.

Von Kalewa her war das Artilleriefeuer immer stärker geworden. Die Japaner hatten dort seit langem schwere Geschütze stehen. Jetzt mischte sich in das Wummern der Granaten, mit denen die im Vorgelände des Kennedy Peak verstreuten alliierten Posten dezimiert werden sollten, das Gerassel von Panzerketten.

Wie immer setzten die Japaner zuerst, und solange es befahrbare Straßen gab, ihre Kleinkampfwagen vom Typ 97 ein. Aber inzwischen waren die alliierten Soldaten besser ausgerüstet. Ein Räumpanzer, der mit einem Stahlbug die aus Stämmen und Felsbrocken angelegte Straßensperre wegschieben wollte, war das erste Ziel für den »Bazooka«-Schützen in Tomlins Gruppe.

Der Junge, der noch vor kurzem das große Wort führte, hatte ohne zu zögern seine »Bazooka« geschultert und abgezogen. An der Straßensperre gab es einen Feuerblitz, der in einer schwarzen Qualmwolke unterging, aus der verschieden große Trümmerstücke in alle Richtungen flogen.

»Gut«, lobte Tomlin. Der junge Soldat, der Crow hieß, was zu nicht wenigen Witzen Anlaß gab, lud nach und verbarg seinen Stolz nicht.

Eine Stunde geschah fast gar nichts. Nur gelegentlich prasselten Werfergranaten zwischen die Felsen. Kleine, tükkische Geschosse aus den sogenannten Kniemörsern.

Tomlin wurde zum Gefechtsstand gerufen, der einige hundert Meter weiter hinten zwischen den Felsen in einer Grotte lag, in der es sogar eine aus dem Gestein gehauene

Buddhafigur gab. Da Tomlin aus der vordersten Postenstellung kam, befaßte sich der Regimentskommandeur mit ihm am intensivsten. Er gab sich Mühe, dem Corporal zu erklären, warum man sich auf höheren Befehl zurückzog, obwohl es die Japaner gerade in diesem Gelände nicht ganz einfach mit ihrer üblichen Taktik des schnellen Vorstoßes und der Einschließung hatten.

»Wir setzen uns ab. Nein, nicht aus Schwäche. Wir gehen bis Imphal zurück, etappenweise. So locken wir die Japaner hinter uns her, dehnen ihre Verbindungslinie so weit wie möglich aus. Reißt sie dann an einer Stelle, blockieren wir die Japse endgültig von ihren rückwärtigen Diensten, von ihrem Hinterland überhaupt, lassen sie ihre letzte Munition verschießen, ihre letzte Handvoll Reis essen, wir lassen sie Fieber kriegen und Ruhr, dann sammeln wir ihre Reste ein, klar?«

Tomlin sah ein, darauf gab es keine andere Antwort als Ja. Aber andererseits hatte er auch seine Bedenken. Imphal war keine Festung. Wenn der Gegner bis dahin kam, würde es schwer werden; gekappte Verbindungen oder nicht.

»Allright, Sir«, sagte er trotzdem. Ein Unterstellter legt bei der Befehlsausgabe seinem Vorgesetzten nicht seine Gedanken zur Lage dar. Der Kommandeur befahl ihm, als letzter den Vorposten zu räumen.

Am 13. März, nachdem inzwischen mehrere abgeschossene japanische Panzer die Straßensperre so gut wie unpassierbar gemacht hatten, gab Tomlin das Signal. Er selbst ging als letzter, klein, krummbeinig, unrasiert, ungewaschen, aber hellwach.

Tiddim, die letzte größere Ortschaft vor der indischen Grenze, brannte, als Tomlin mit seinen Männern ankam. Sie umgingen die Stadt, und dann begann der lange, beschwerliche Marsch über die Berge.

Wo sie die Straße benutzen konnten, hatten sie es leichter. Die geschotterte Fahrbahn war aber in erster Linie Kraftfahrzeugen mit Material und Verwundeten vorbehalten. Marschkolonnen mußten stets ausweichen. Auf die Dauer ermüdete das noch mehr als die Kletterei durch die Felsen. Also arbeiteten sich Tomlin und seine Männer mühsam hinter dem Gros ihrer Division her, bis sie eines Tages ein Panzergefecht an der Straße bemerkten.

General Mutaguchi hatte es fertiggebracht, einen schnellen Voraustrupp an der sich zurückziehenden 17. Division vorbei zu bringen, der jetzt die Straße sperrte. Aber aus Imphal waren bereits leichte Panzer der 7. Indischen Kavalleriedivision eingetroffen, und nun, als Tomlin mit der Nachhut eintraf, lag die japanische Straßensperre plötzlich von beiden Seiten unter Beschuß.

An dieser Stelle überlebte kein Japaner. Nugung, der Gurkha, der buchstäblich letzte Mann auf diesem Rückzug, erbeutete einige Kurzschwerter japanischer Offiziere. Als Tomlin sich an die Stirn tippte und fragte: »Wozu schleppst du dich mit dem Zeug ab?« antwortete der Gurkha grinsend: »Tauschen, in Imphal. Tabak. Mädchen …« Schließlich ließ er sich überreden, ein Schwert an Crow abzugeben, den jungen Burschen mit der »Bazooka«. »Statt des DSO«, sagte Tomlin grinsend. »Wirst noch merken, daß bei den Soldaten Tauschartikel wertvoller sind als Orden!«

Von Tamu her, durch das wegen seiner Malariamoskitos gefürchtete Kabaw-Tal, kam die 20. Division ebenfalls auf Imphal zu. Die gleiche Taktik: Den Feind hinter sich herziehen, langsam auf Imphal ausweichen und der Air Force möglichst viel Zeit geben, inzwischen die gegnerischen Bereitstellungen aus der Luft zu dezimieren, die rückwärts führenden Straßen immer intensiver zu bombardieren, so daß die Japaner nach und nach nur noch in den Nächten ein paar Lastwagen zur Front bringen konnten. Sie bluteten aus, ohne es sofort zu merken, während die alliierten Truppen ihre Kampfstärke im wesentlichen behielten. Und dem alliierten Oberkommando kam ein Festungskampf um Imphal gelegen, wenn er nur dazu beitrug, Japan weiter zu schwächen.

Am 17. März setzten die Sturmtrupps der 15. und 31. Japanischen Division zwischen Thaungdut und Homalin über den Chindwin. Sie benutzten meist selbstgebaute Bambusflöße, einen Brückenschlag ließ die Air Force nicht zu. Das hätte die Angreifer eigentlich warnen sollen, aber sie gaben sich damit zufrieden, schnell vorwärts zu kommen. Fünf Tage nach dem Übergang über den Chindwin standen sie bereits auf indischem Boden. Ukhrul war ihr erstes Ziel. Dort empfing sie die schnell aus dem Hinterland eingeflogene 50. Britische Fallschirmbrigade, und das bedeutete zunächst eine Pause in ihrem Vormarsch. Die Fallschirmjäger ließen niemanden an sich vorbei, es sei denn, sie bekamen den Befehl dazu.

Weiter nördlich kam Kohima, der bedeutendste alliierte Stützpunkt, durch den unerwartet schnellen Vorstoß der 31. Japanischen Division in ernste Gefahr. Zwar war die Garnison von Kohima verstärkt, und am Stadtrand waren Stellungen ausgebaut worden, aber die Gefahr war keinesfalls zu unterschätzen, zumal sich in Kohima das größte Lazarett dieses Frontabschnitts mit Hunderten von Verwundeten befand. Der 31. Japanischen Division standen erprobte, allerdings zahlenmäßig unterlegene Truppen mit hoher Kampfkraft gegenüber: die Assam Rifles, das Burma Regiment, Gurkha-Einheiten und verschiedene indische Verbände, dazu sehr leistungsfähige Regimenter aus Afrika, die naturgemäß in diesem Klima mehr Kraft aufbrachten als Europäer.

Trotzdem verlangte die Lage vom Oberkommandierenden Mountbatten blitzschnell eine Entscheidung, denn noch waren die Japaner keinesfalls so demoralisiert, daß man sie geringschätzen konnte. Lord Mountbatten schien in diesen Tagen vom Unglück verfolgt. Er war zu Stilwells Verbänden geflogen. Als er im Jeep die Ledo-Straße in Richtung Mogaung befuhr, fügte ihm ein überhängender Bambuszweig eine unangenehme Augenverletzung zu.

Stilwell ließ Mountbatten sofort mit einer L-1 nach Ledo zurückfliegen, wo inzwischen das 20. US-Feldlazarett stand. Dorthin folgte auch Mountbattens »Dakota«, die ihm als fliegendes Hauptquartier diente. Während die Ärzte sein Auge retteten, flogen die wichtigsten Kommandeure ein. Mountbatten, die eine Gesichtshälfte verbunden, besprach mit ihnen Sofortmaßnahmen, um bei Imphal, besonders aber bei Kohima die Widerstandskraft angesichts der doch unerwarteten Stärke und Stoßkraft des japanischen Angriffs zu verstärken.

Die Situation ließ sich retten, denn im indischen Hinterland standen genügend Reserven bereit. Mountbatten ließ aus Arakan, wo augenblicklich Ruhe herrschte, die 5. Indische Division nach Kohima verlegen. Weil ein Bahntransport Wochen gedauert hätte, ließ er sich von den amerikanischen Transportstaffeln, die Material über den Himalaya flogen, kurzfristig zwei Dutzend Transportmaschinen zur Verfügung stellen. Sie bewerkstelligten die Verlegung in einigen Tagen.

Zur 5. Division kam noch die 161. Indische Brigade, so daß sich bei Kohima nun genügend Truppen befanden, um den Vorstoß abzubremsen. In der Tat hatte Radio Tokio schon bekanntgegeben, Imphal werde am 30. März fallen, Kohima am 4. April.

Nun aber lief sich der japanische Vorstoß, wie von den Alliierten geplant, zuerst auf der Ebene bei Imphal fest. Zahlenmäßig waren die Alliierten hier den Japanern überlegen, die sich auf den Bergrücken um die Hochebene sammelten und ihre mühsam herantransportierten Granaten in die Stadt schossen. Aber die Stadt verfügte über ein ausgebautes Stellungssystem und wurde aus der Luft versorgt.

»Wie beim Christkind kommen die Geschenke an«, stellte Tomlin lachend fest, »durch den Kamin!« Er war Nacht für

Nacht unterwegs, um weit außerhalb der Stadt niedergehende Transportbehälter zu bergen, damit sie nicht den Japanern in die Hände fielen.

Japans vorgezogene Flugplätze waren viel zu weit entfernt und überdies durch alliierte Angriffe äußerst gefährdet, um noch für entscheidende Aktionen genutzt werden zu können. Im Gegenteil, die alliierten Jagdbomber zerschlugen die Nachschubkolonnen schon weit im japanischen Hinterland, selbst bei Nacht, wenn sich die Lastwagen mit Tarnscheinwerfern mühsam über die halbzerstörten Straßen tasteten. Das Gebiet zwischen Imphal und Rangoon war zwar noch in der Hand der Japaner, aber es wurde für die Besatzer immer unsicherer. Und das lag nicht nur an den Fliegerkräften der Alliierten; auch in den Siedlungen wuchs der Widerstand. Die Bewegung der Thakin, jene von Aung San angeführte nationale Befreiungsbewegung, die seit der Mitte des vergangenen Jahrhunderts existierte, wandte sich bewaffnet gegen die Japaner und gewann immer mehr Zulauf.

Bei Imphal lief alles so, wie vom alliierten Oberkommando geplant. Lance Corporal Tomlin, der am Südrand der Stadt in Stellung lag, wurde immer wieder daran erinnert, was ihm sein Regimentskommandeur damals an der Straßensperre vor Tiddim vorausgesagt hatte: Die Japaner hockten zwar auf den Bergkämmen um Imphal, aber sie mußten mit immer kleiner werdenden Rationen auskommen. Hunger und Munitionsmangel schwächten ihre Kampfkraft. Während ihre Logistik weiter zusammenbrach, landeten unten bei Imphal etwa hundert C-47 täglich auf sicherem Rollfeld, vollgestopft mit Verpflegung und Munition. Auf dem Rückweg nahmen sie Verwundete mit.

Trotz aller Schwierigkeiten wurde erbittert gekämpft. Die Japaner gaben so schnell nicht auf. Sie rannten verzweifelt gegen die alliierten Stellungen an, aber sie kamen nicht zum Ziel. Imphal war uneinnehmbar, und mit seiner Belagerung endete an der Südflanke der letzte ernstzunehmende Vorstoß der Japaner nach Indien hinein.

In Kohima zeigten die Angreifer noch mehr Schlagkraft. Von Dimapur, an der Bengal-Assam-Bahn, eilte das per Eisenbahntransport herangeführte 33. Indische Korps herbei. Die Versorgung der Belagerten in der völlig eingeschlossenen Stadt war noch gesichert, aber der Fanatismus, mit dem die Japaner hier angriffen, führte doch dazu, daß einige Außenbezirke aufgegeben werden mußten.

Dabei glich die Stadt nach zwei Wochen Beschießung nur noch einem Trümmerhaufen, in dem sich Engländer, Australier, Inder, Westafrikaner und Gurkhas gegen die 31. Japanische Division zur Wehr setzten. Diese Division war die schlagkräftigste auf dem Kriegsschauplatz und hatte schon beim Übergang über den Sittang mitgekämpft.

Alliierte Verwundete wurden so schnell es ging ausgeflogen, denn die Angreifer zeigten keinen Respekt vor dem Roten Kreuz. Skrupellos beschoß ihre Artillerie von einem Bergrücken herab die Lazarette. Als dann auch noch das Wasserversorgungssystem ihren Granaten zum Opfer fiel, mußten die C-47 vor allem Trinkwasser einfliegen. Während die Angreifer nach und nach Teile der Stadt in ihren Besitz nahmen, schlichen nachts Gurkha-Patrouillen durch das Trümmerfeld, um aus den zerstörten Lazaretten noch verwendbares Material zu bergen oder einzelne, besonders gefährliche Geschütze zu sprengen. Teilnehmer des Ersten Weltkrieges sprachen bereits von einem neuen Verdun.

Drei Wochen war die Stadt völlig eingeschlossen. Erst am 18. April, immerhin zwei Wochen nach dem Termin, zu dem die 31. Division laut Meldungen von Radio Tokio die Stadt erobert haben sollte, gelang es frischen Kräften der Alliierten, die über Dimapur herankamen, den Belagerungsring zum ersten Mal aufzubrechen. Den Panzern und Pionieren folgte das eilig herangeführte Royal Berkshire Regiment, eine berühmte Eliteeinheit. Mit ihrem Einzug endete nicht

»Merrills Marauders« auf dem Vormarsch

nur die Belagerung, sondern die Belagerten griffen nun ihrerseits die Japaner auf den Bergen an.

Bärtige Engländer, schwarze Westafrikaner, beturbante Inder pflanzten die Bajonette auf. Eine Bergstellung nach der anderen wurde erobert, nicht selten mit Flammenwerfern regelrecht ausgeräuchert. General Mutaguchi tat alles, um seine Truppen zum Durchhalten zu ermutigen. Er erließ erneut einen Tagesbefehl, in dem es hieß: »Diese Schlacht entscheidet über Erfolg oder Mißerfolg unseres Krieges in Asien!«

Sie entschied nur bedingt darüber, trotz aller Erbitterung, mit der hier gekämpft wurde. Denn am 14. Mai hatten die Alliierten zunächst die Belagerer aus den Bergen um Kohima vertrieben. Sie zogen sich auf der Straße und auf Bergpfaden in die Ebene bei Imphal zurück, und erst hier kam es zur letzten Entscheidungsschlacht, in der die dezimierten, ausgehungerten und an chronischem Nachschubmangel leidenden Angreifer endgültig geschlagen wurden.

Lance Corporal Eric Tomlin erlebte mit, wie die von Kohima Vertriebenen nun das Gebiet um Imphal unsicher machten. Panzer begannen sie zu jagen, sobald sie in Gruppen auftauchten. Trotzdem sickerten sie nach und nach durch und setzten sich auf der Hochebene fest. Manche gruben sich nur noch ein Loch, um sich hineinfallen zu lassen und an Entkräftung zu sterben. Andere schossen, solange ihre Munition reichte.

Es dauerte weitere zwei Wochen, bis die letzten vertrieben waren oder getötet. Ganze Einheiten verübten Selbstmord. Die Offiziere nahmen den rituellen »Seppuku« mit dem Schwert vor, einfache Soldaten zogen die letzte aufgesparte Handgranate ab und legten sich darauf.

Crow, der sich zum »Bazooka«-Spezialisten entwickelt hatte, bekam nur noch wenig zu tun; es gab kaum noch japanische Panzer. Nugung sammelte in diesen zwei Wochen so viele japanische Schwerter ein, daß er gut und gerne einen Laden hätte eröffnen können. Als es ihm lästig wurde, sie alle zu schleppen, verschenkte er sie. Mädchen, gegen deren Gunst er sie hätte eintauschen können, gab es um diese Zeit kaum in Imphal. Die Alliierten hatten vor Beginn der Kampfhandlungen die meisten Zivilisten evakuiert.

General Mutaguchi mußte erkennen, daß sich seine zum Marsch nach Delhi aufgebrochenen Truppen, die schlagkräftigsten, die es in Burma gegeben hatte, überall in der Defensive oder auf dem Rückzug befanden. Hungrig, abgerissen, oft nur noch mit dem Buschmesser bewaffnet, zitternd vor Fieber und ohne Siegeszuversicht kämpften sie ums nackte Überleben.

In Ukhrul, zwischen der Straße Imphal – Kohima und dem Chindwin konnten sie sich noch einmal festsetzen. Es verging einige Zeit, bis die Alliierten sie endgültig eingekreist hatten. Truppen aus Imphal mußten herangebracht werden. Einheiten der indischen Gebirgsartillerie transportierten ihre 10-cm-Haubitzen auseinandergenommen auf Mulis über ein halbes Dutzend Bergketten und brachten sie oberhalb von Ukhrul in Stellung.

Wieder kam der Monsun mit Schlamm, den stechwütigen Moskitos und den ekelhaften Egeln, die sich aus den Baumkronen auf die Soldaten herabfallen ließen und ihr Blut saugten. Und wieder marschierte Lance Corporal Eric Tomlin und in seiner Nähe der Gurkha Nugung. Nur ging es diesmal nicht mehr zurück, sondern südwärts. Von Ukhrul, wo Einheiten der 17. Division bis Mitte Juli den letzten japanischen Widerstand niedergekämpft hatten, in Richtung burmesische Grenze, zum Chindwin.

Sie schlichen durch den Dunst, der das Land einhüllte wie Watte, der Geräusche unwirklich machte, den Nebenmann wie ein Gespenst erscheinen ließ. Plötzlich fielen Schüsse. Tomlin warf sich neben den Pfad ins hohe Elefantengras. Er war ohnehin naß bis auf die Haut und hatte seit Tagen nur noch mechanisch die Füße bewegt, war marschiert, hatte geschossen, Konservenfleisch gekaut, Wasser geschluckt, war wieder marschiert – wie eine aufgezogene Puppe. Doch nicht Schwäche machte seine Bewegungen automatenhaft, sondern die ewig gleichen Anstrengungen, das Einerlei von Nässe, Schlamm und Dunst ließ den Körper in diesen Trott fallen. Ein Mechanismus zum Selbstschutz vor Überanstrengung, der dem einzelnen Soldaten kaum bewußt wurde.

Tomlin sehnte sich nach einer sonnigen Ebene mit trockenem Gras, in dem Zikaden zirpten, und wenn schon Krieg, dann mit Abschußblitzen, die man wieder sehen konnte, mit einem Knall, der sich nicht anhörte wie ein Paukenschlag auf ein schlecht gespanntes Fell.

»Er sitzt da oben!« hörte er den Gurkha rufen, der sich auf der anderen Seite des Pfades befand. Vorsichtig hob er

Ledo-Straße. Was am Anfang als ein Phantasieprodukt General Stilwells belächelt wurde, erwies sich später als entscheidende Versorgungsader für China

den Kopf. Und der Japaner machte den Fehler, erneut abzudrücken. Er traf den kleinen Crow, der nicht schnell genug in Deckung gekommen war, weil das unförmige Rohr seiner »Bazooka« ihn behinderte. Aber diesmal merkte Tomlin, wo der Schuß herkam, und konnte sich ausrechnen, an welcher Stelle der Japaner hockte. Langsam stellte er seine Sten auf Einzelfeuer, legte an, hob sich leicht aus der Deckung und zog ab.

Der Japaner fiel wie eine reife Frucht aus der Baumkrone. Nugung war bei ihm, noch bevor Tomlin sich über Crow beugte und feststellte, daß er nicht mehr lebte.

Sie begruben ihn am Rande des Pfades. Einer, der die Bibel gut kannte, sprach ein Gebet. Dann ging es weiter. Nugung schimpfte: »Nicht einmal Stricke haben die Kerle mehr, um sich in den Bäumen anzubinden, aber sie geben nicht auf.« Crows Tod ging ihm nahe.

Tomlin hatte sich den toten Schützen, der es von seinem Baum aus mit der ganzen 17. Division aufnehmen wollte, angesehen: ein junger, abgemagerter Bursche in Lumpen, die einmal eine Khaki-Uniform gewesen waren. Kaum Barthaare. Das Gewehr angerostet. Sie ließen ihn für das Beerdigungskommando liegen. Crow war einer von ihnen gewesen, man hatte ihm den letzten Dienst erwiesen und würde ihn nicht vergessen. Der Japaner würde vom Kommando eingegraben werden: eine Nummer in einer langen Liste.

Es ging vorwärts für Tomlin und seine Leute. Der Befehl lautete, bis zum Chindwin keine Pause einzulegen. Das alliierte Oberkommando hatte recht behalten: Als die 15. und 31. Japanische Division sich anschickten, Imphal zu erobern, hatten sie ihr Todesurteil unterschrieben. Bei Imphal hatten etwa 50 000 Japaner ihr Leben verloren. Wer überlebte, war demoralisiert und wunderte sich immer wieder darüber, daß die alliierten Soldaten, die man ihnen als verweichlichte Produkte einer schädlichen Zivilisation geschildert hatte, selbst während des Monsuns weiterkämpften.

General Slim, Kommandeur des 14. alliierten Armeekorps, ließ den fliehenden Gegner unbarmherzig verfolgen. Gelassen hörte er sich die Bedenken Lord Mountbattens an, er könne die Soldaten überfordern.

»Sir«, erlaubte er sich zu entgegnen, »der moralische Vorteil, den eine Armee hat, wenn sie den flüchtenden Gegner verfolgt, wiegt weitaus schwerer als alle Widrigkeiten des Marsches. Das ist eine ebenso alte wie richtige persönliche Erfahrung von mir. Falls sie keinen anderen Befehl geben, werde ich an meine Soldaten appellieren, es den Japanern zusammen mit der Air Force ein für allemal heimzuzahlen und dabei weiter Unmögliches zu leisten.«

Mountbatten dachte nicht daran, eine Armee auf dem siegreichen Vormarsch aufzuhalten. Vielmehr sprach er lange mit Slim über den nächsten Schachzug.

Die Japaner waren zunächst über den Chindwin zurückzutreiben und dann weiter anzugreifen. Sie durften keine Gelegenheit finden, sich neu zu formieren oder gar umzugruppieren. Aufklärer hatten gemeldet, daß der Gegner nördlich von Mandalay, in Zentralburma, offenbar die materiellen Voraussetzungen für einen Gegenschlag schuf. Waffen, Munition und neue Ausrüstung wurden dort in großen Lagern bereitgestellt. Wie es schien, glaubte das japanische Oberkommando, die aus Indien zurückkehrenden Resttruppen schnell wieder zu schlagkräftigen Einheiten formieren zu können, um dann am Chindwin die vermeintlich erschöpften alliierten Soldaten zu vernichten.

Sie täuschten sich nicht zum ersten Mal. Slims Einheiten jagten die Japaner in erbitterten Kämpfen aus Tiddim hinaus, aus Fort White, über die burmesische Grenze. Von Norden her kamen die Reste der 15. und 31. Japanischen Division, gejagt von der 11. Ostafrikanischen Division. Am 19. August gab es keine geschlossene Kampfformation der Japaner mehr auf indischem Boden. Die alliierten Verbände hingegen waren trotz hoher Verluste intakt.

Die Verfolgung ging erbarmungslos weiter. Wer von den Verfolgten entkräftet zusammenbrach und starb, blieb liegen, bis ihn die Begräbniskommandos der Alliierten fanden: aufgebläht, von Tieren angefressen. Mancher wurde gar nicht gefunden und vermoderte im Laufe der Zeit im Unterholz.

Von Westen und Norden her drängten die Alliierten die fliehenden Japaner in das malariaverseuchte Kabaw-Tal. Die Ärzte der Alliierten gaben täglich Tausende von Atebrin-Tabletten aus. Wen die Krankheit trotzdem erwischte, den flogen Air-Force-Maschinen ins Hinterland. Anfänglich hatte man beim Oberkommando mit dem Gedanken gespielt, größere Gebiete mit Anti-Malaria-Chemikalien zu besprühen, aber das Verfahren hatte sich als so schwer durchführbar erwiesen, daß man davon abließ. Die Air Force schaffte den Transport der Kranken ohne nennenswerte Schwierigkeiten. Die Japaner hingegen ließen Kranke und Verwundete immer öfter einfach liegen, meist drückten sie ihnen einen Revolver oder eine Granate in die Hand.

Über dem Kabaw-Tal, in dem Tausende japanischer Soldaten starben, flogen selbst bei stärkstem Regen die alliierten Jagdbomber und schossen auf alles, was sich bewegte. Inzwischen ließ das Oberkommando Flußboote aus Indien heranschaffen, kleine, schnelle Fahrzeuge, die die erste Welle der Truppen über den Chindwin setzen sollten.

Es waren ostafrikanische Soldaten, große, kräftige Männer, die als erste im November bei Kalewa den Fluß forcierten. Mancher britische Veteran des Burma-Krieges erinnerte sich bei Kalewa an den eigenen Rückzug vor zweieinhalb Jahren, als man ebenfalls hier stand, nur eben um westwärts zurückzuweichen. Jetzt ging es vorwärts.

Der Monsun war vorbei, als Pioniere eine über 300 Meter lange Pontonbrücke über den Fluß bauten. Nun rollten die Räder, Kettenfahrzeuge rasselten. Die Japaner besaßen nicht mehr die Kraft, den Übergang zu stören. Sie versuchten, im burmesischen Hinterland neue Einheiten zusammenzustellen. Doch die Air Force ließ ihnen keine Ruhe. Sie flog jetzt mit den viermotorigen Superfestungen tief ins japanische Hinterland und störte empfindlich.

Indessen setzte das 14. Armeekorps über den Chindwin und marschierte sofort zur Ebene nördlich von Mandalay. Dasselbe Ziel hatten auch gemischte alliierte Einheiten, die aus Norden kamen: Stilwells chinesische Divisionen, die den Gegner bei Myitkyina besiegt hatten, amerikanische Regimenter, Nachfolger der zur Auffüllung und Erholung herausgezogenen »Marauders« und Chindits. Sie alle unterstanden nicht mehr »Essig-Joe«, sondern General Sultan. Stilwell war von Roosevelt nach seinem Erfolg von Myitkyina in die Vereinigten Staaten zurückbeordert worden, auch weil sich sein Verhältnis zu Tschiang Kai-shek weiter verschlechterte, und wurde Chef Ausbildung aller amerikanischen Landtruppen.

An der Nordfront ging die Rechnung der Alliierten auf. Man handelte zum ersten Mal sozusagen in Sichtweite einer Eisenbahnlinie, auf der schnell instand gesetzte Lokomotiven aus Depots in Myitkyina lange Züge mit Waffen und Material südwärts zogen – Richtung Mandalay. An der chinesischen Grenze, im äußersten Nordosten, griff ein chinesisches Expeditionskorps die Japaner mit Unterstützung der in China stationierten US-Luftflotte an. In erbitterten Kämpfen schoben sich die Chinesen Schritt für Schritt vorwärts und machten den Weg für die aus Richtung Ledo kommenden Bulldozer und Straßenbaupioniere frei. Die Chinesen hatten hohe Verluste, sie ließen 19 000 Tote in den Bergen zurück. Aber Ende Januar 1945 war Joe Stilwells Plan vollendet: Der erste Konvoi rollte von Ledo in Burma nach Tschungking in China. Die Landverbindung zwischen Indien und China war wieder gesichert.

Lance Corporal Eric Tomlin streckte sich um diese Zeit zum ersten Mal nach langem Marsch in einem Pfahlhaus auf einer Matte aus. Es war die Zeit der trockenen Hitze, und Tomlin hatte mit seiner Gruppe die Chance genutzt, ausgiebig unter Verwendung von Seife zu baden, den Körper danach einzuölen und sich zu rasieren. Jetzt war er rundum zufrieden, denn Nugung hatte zu allem Überfluß auch noch die sehr verspätete Weihnachtsüberraschung vom Regimentsstab mitgebracht – eine Flasche indischen Rum und ein paar Konserven für jeden: Ananaskompott, Pfirsische aus Kalifornien, Büchsenfleisch aus Chicago und vitaminreiches Fruchtpurré.

Ein kleiner Junge aus dem Dorf, dem Tomlin eine Büchse Fleisch und eine Handvoll Tabak geschenkt hatte, saß hinter seinem Kopf und fächelte ihm Luft zu. Keine Fliege konnte sich deshalb auf Tomlins Gesicht niederlassen und seine Ruhe stören. Draußen gackerten Hühner, Schweine grunzten unter dem Haus. Aus der Ferne waren Vogellaute zu hören. Hin und wieder schepperte Metall, wenn die Pioniere beim Reinigen ihrer Werkzeuge im Fluß auf einen Stein stießen.

Nugung kletterte über die Bambusleiter in die Hütte und betrachtete seinen schlafenden Corporal. Verwundert brummte er dabei: »Sieht ohne Bart gar nicht mehr wie ein richtiger Soldat aus.«

Dann kletterte er wieder abwärts. Man hatte eine zwar kurze aber verdiente Rast eingelegt, und die wollte genutzt sein. Die Mädchen im Dorf mochten die aromatischen Zigaretten der Soldaten, und nicht nur die. Das wußte man. Also konnte man die Pause mit Erlebnissen anfüllen. Wer weiß schon im Krieg, wie lange ein Soldat davon zehren muß.

Ziel Mandalay

Als der Chindwin überwunden war, tat sich vor den angreifenden alliierten Truppen die große Ebene auf, an deren Ostseite Mandalay liegt. Hundertfünfzig Kilometer ohne Bergkämme, ohne Schluchten und ohne Mulis, die man mühsam einzeln abseilen muß. Statt dessen viel mit Reis, Maniok und anderen Feldfrüchten bebautes Land, dazwischen immer wieder verfilzte Dschungelkomplexe, kleine Dörfer, verstreut liegende Ansiedlungen mit wenigen Hütten, die meisten noch nicht wieder bewohnt. Die Wege waren indessen nicht viel besser als jene, die man aus den Bergen kannte.

Die trockene, heiße Zeit, in die der alliierte Vormarsch fiel, verlangte den Soldaten nicht weniger an Leistung ab, als zuvor der Monsun und die Berge.

General Slim hatte klare Befehle vom Hauptquartier: Alle japanischen Truppen in der Ebene und in Mandalay selbst ausschalten und dann südwärts vorstoßen, um Rangoon noch vor Beginn des nächsten Monsuns zurückzuerobern. Als seine 14. Armee die Ebene erreichte, blieben ihm bis dahin noch etwa drei Monate.

Um den letzten Stoß auf Rangoon erfolgreich führen zu können, wurde gleichzeitig an der bisher »ruhigen« Front in Arakan angegriffen, mit dem Ziel, Positionen zu sichern, von denen die Air Force aber auch Landungsverbände über See eingesetzt werden konnten. Dazu gelangten in steigender Zahl Amphibienfahrzeuge, die in Europa nach der erfolgreichen Landung in der Normandie nicht mehr benötigt wurden, in indische Häfen. Plötzlich sah sich Japan in Burma an zwei Fronten angegriffen und hatte Mühe, seine Truppen entsprechend umzugruppieren.

»Zu Hause stellen sie jetzt ihren Christbaum auf …« Mit diesen Worten hatte Lance Corporal Eric Tomlins Regimentskommandeur seine Weihnachtsansprache begonnen, um dann aber gleich hinzuzufügen: »Wir werden darauf verzichten müssen. Noch ist der Gegner nicht endgültig geschlagen, obwohl es in Europa erkennbar dem Ende zu geht. In Burma müssen wir noch Monate kämpfen, und wenn wir Erfolg haben, wird der Krieg auch hier ausbrennen. Schon die nächsten Tage werden für uns den Übergang über den Irawadi bringen, eine harte Sache …«

Tomlin erfuhr von seinem Regimentskommandeur nichts Neues. Er war mit Nugung und zwei weiteren Gurkhas tagelang auf Patrouille im großen Irawadi-Bogen gewesen und hatte die Gegend um Pakokku aufgeklärt, etwa 150 Kilometer südwestlich von Mandalay. Daß das Armeekorps, zu dem sie gehörten, sich überhaupt so weit südlich befand, war ein Teil einer Umfassungsbewegung. Von General Slim ersonnen, um seinen Gegenspieler, den japanischen General Kimura, auszumanövrieren.

Kimura hatte sich mit seinen beweglichen Einheiten nicht unmittelbar hinter dem Chindwin zum Kampf gestellt, wie Slim es eigentlich erwartete. Statt dessen zog er sich bis hinter die natürliche Barriere des Irawadi bei Mandalay zurück. Slim standen fünf Divisionen zur Verfügung, aber Kimura konnte hinter dem Irawadi acht Divisionen aufbieten, die er durch geschickte Manöver bei Mandalay in günstige Stellungen brachte und so den Übergang über den Fluß ernsthaft zu behindern drohte. Also ließ Slim das 33. Korps weiter von Norden und Westen auf Mandalay zu angreifen, das 4. Korps aber zog in Eilmärschen im großen Bogen südwärts, um bei Pakokku, wo die Japaner kaum mit einem Übersetzversuch rechneten, den Fluß zu überqueren und sofort auf

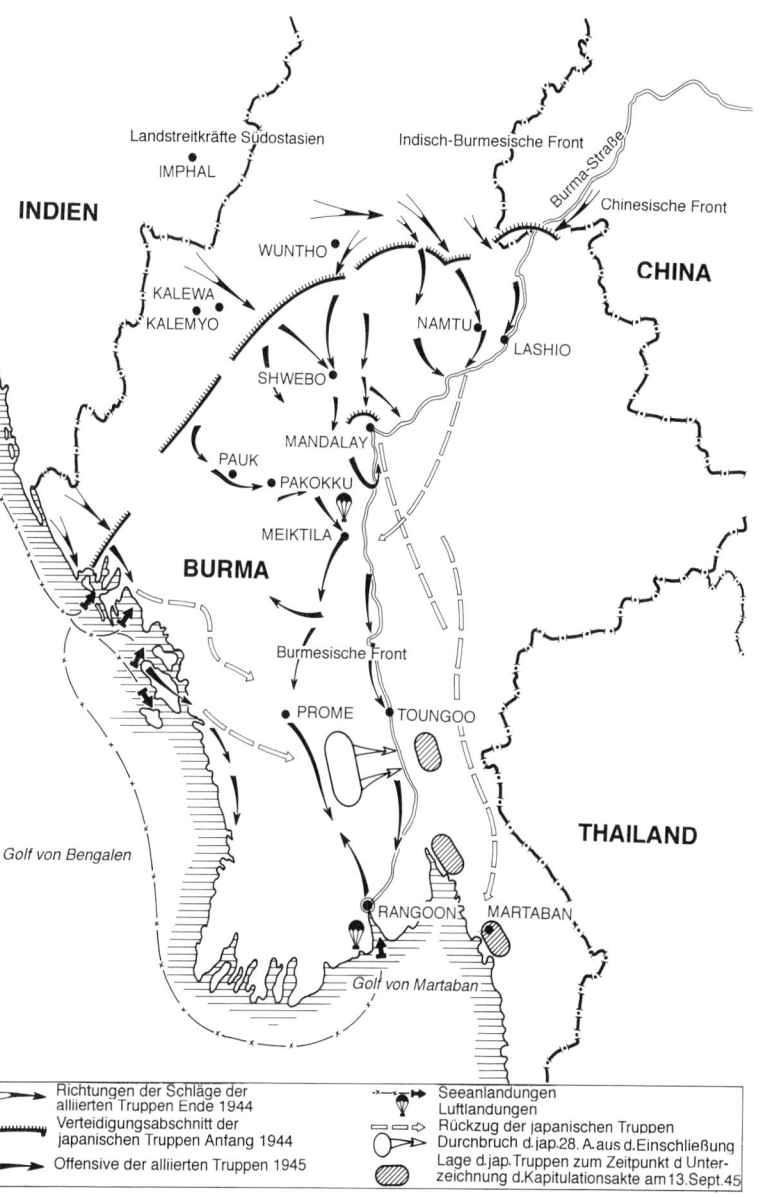

Die Wiedereroberung Burmas durch die alliierten Truppen
(Dez. 1944 – April 1945)

Meiktila vorzustoßen. In diesem letzten großen Umschlagplatz der Japaner vor Rangoon liefen die verschiedensten Kommunikationsadern zusammen und befanden sich prall gefüllte Nachschubdepots. Wer Meiktila ausschaltete, schnürte die Logistik nach Mandalay ab, und wenn die Stadt fiel, saßen die japanischen Truppen plötzlich zwischen dem 31. und dem 4. Korps fest, hatten kaum noch Bewegungschancen.

Slims Plan war gewagt, denn das 4. Korps hatte über 400 Kilometer bei diesem Umfassungsmanöver zurückzulegen, und das mit zwei Divisionen und einer Panzerbrigade, die – abgesehen von japanischem Widerstand – auf den engen Lateritstraßen, die besseren Feldwegen glichen, nur schwer vorankamen.

Weiterhin mußte man berücksichtigen, daß die Hauptversorgungsbasis in Indien bereits mehr als 600 Kilometer hinter der vorstoßenden Truppe lag. So blieben nur Lufttransporte, aber auch die wurden mit der wachsenden Entfernung immer komplizierter. Doch englische Pioniere fanden die Lösung. Sie machten den Chindwin zur Transportader, indem sie aus dem Holz der Uferwälder Frachtflöße bauten, die von schnell »organisierten« Motorfahrzeugen südwärts geschleppt wurden, schwer mit Nachschub beladen. Es war eine kuriose Flotte, die den Fluß befuhr, aber sie meisterte ihre Aufgabe, und die Soldaten tauften sie dankbar »Chindwin-Navy«. Ein Floß trug bis zu zehn Tonnen Last. Zwei aus Kalkutta herangeschaffte Motorboote, bestückt mit Oerlikon- und Boforskanonen, schirmten die Transporte gegen mögliche japanische Hinterhalte ab.

Die Japaner durchschauten Slims Trick nicht rechtzeitig, ihr strategisches und taktisches Denken war doch erheblich konservativer als das der Engländer. Außerdem wurden sie noch zusätzlich getäuscht: Slim organisierte nämlich von einer Stelle nördlich von Mandalay einen Funkverkehr, der ein Armeehauptquartier vortäuschte, und erweckte damit bei

Brücke über den Chindwin. Pioniere ermöglichten die schnelle Über-
querung der großen Flüsse. Japans Luftflotte war um diese Zeit nicht
mehr in der Lage, solche Vorhaben entscheidend zu stören

den Japanern den Eindruck, der Angriff würde nur von
Nordwesten kommen.

So meldete die Luftaufklärung, daß Kimura nördlich von
Mandalay seine Hauptkräfte konzentrierte. Slims Täuschungsmanöver schien Erfolg zu bringen.

Der Irawadi war in dieser Gegend ein etwa drei Kilometer
breites, ziemlich träges Gewässer mit steilen Ufern, besonders an einigen Schluchten. Je nach Wasserstand bildeten
unzählige kleine und größere Schlammbänke für einen
Übergang nicht zu unterschätzende Hindernisse. Trotzdem
hatten Teile von Slims Truppen dieses Hindernis bereits
nördlich von Mandalay überwunden und in der Nähe der
kleinen Ortschaft Sagaing einen von den Japanern nicht sehr
ernstgenommenen Brückenkopf gebildet. Die 19. Division

überwand den Fluß Mitte Januar bei Singu, ebenfalls nördlich von Mandalay, und Mitte Februar gelang es schließlich noch der 20. Division, südlich von Mandalay einen Brückenkopf zu errichten.

Die Japaner unterschätzten die Gefahr, weil sich die Truppen in den Brückenköpfen anfänglich absolut ruhig verhielten und keine Angriffsabsichten erkennen ließen. So konterten die Japaner mit örtlichen Gegenangriffen, die allerdings die alliierten Positionen auf dem östlichen Irawadi-Ufer kaum beeinträchtigten. Slims Manöver wurde von seinem japanischen Gegenspieler Kimura fehlgedeutet. Kimura hielt den Eilmarsch nach Süden für Täuschung und erwartete den Hauptstoß weiterhin von Norden und Nordwesten. Aber da sah er nur relativ schwache Brückenköpfe. Und genau diesen Eindruck hatte Slim erwecken wollen.

Eric Tomlin kam von einer letzten Patrouille aus der Gegend um Pakokku zurück und erstattete dem Kommandeur der als Angriffsspitze vorgesehenen 7. Division, Generalmajor Evans, Bericht. Der noch junge General zog sich mit Tomlin in einen Jeep zurück, breitete die Karte auf den Knien aus und hörte zu, wie der Corporal, dessen Bruder er gekannt hatte, seine Beobachtungen zusammenfaßte: »Pakokku ist ruhig, aber es steckt voller Truppen. Sie lauern auf uns. Sobald wir am anderen Ufer erscheinen, werden die wie Pilze nach dem Regen aus dem Boden schießen, wenn Sie verstehen, was ich meine, Sir.«

»Ich verstehe«, gab Evans zurück. »Das bedeutet hohe Verluste, vor allem weil unsere Übersetzfahrzeuge nicht sehr schnell sind. Wieviele Japaner etwa schätzen Sie?«

Als er hörte, daß es gut ein oder zwei Regimenter sein könnten, bezogen auf die Zahl der Transportfahrzeuge, die weit hinter dem Ort abgestellt waren, wurde Evans sehr nachdenklich. Doch Tomlin hatte einen Vorschlag parat. Mit dem Finger tippte er auf einen kleinen Ort, kaum 15 Kilometer südlich von Pakokku. »Nyaungu. Das Nest ist leer.

Der Gurkha Nugung ist mit einem kleinen Bambusfloß über den Fluß geschwommen. Wie er berichtet, gibt es dort drüben nur ein paar Militärpolizisten, die übliche Dorfsicherung. Wichtig ist aber, daß zwischen Nyaungu und Pakokku keine direkte Straßenverbindung existiert. Wenn wir schnell genug sind …«

»Der Gurkha hätte nicht allein hinüberschwimmen dürfen«, wandte Evans ein.

Aber Tomlin sagte: »Sir, ich habe ihn gedeckt. Dieser Gebirgsmensch brannte darauf, mir zu beweisen, daß er sich nicht vor dem Wasser fürchtet. Ich bitte, das zu berücksichtigen. Und … Ich wollte noch sagen, er hat mir erzählt, in ganz Nyaungu gebe es nicht einmal eine japanische Latrine, ganz zu schweigen etwa von einem MG.«

Er blickte den Vorgesetzten forschend von der Seite an. Der unterdrückte mühsam ein Grinsen, und dann studierte er die Straße, die auf dieser Seite des Flusses nach Nyaungu führte. Bedächtig meinte er schließlich: »Ihr unvorsichtiger, schwimmender Gurkha hat uns da vielleicht die Lösung geliefert.«

Es war der 13. Februar 1945. Evans hatte alles Nötige mit Slim besprochen. Am Abend hockte er noch neben dem Funker und ließ ihn immer wieder nachfragen, ob er auch sicher mit Jagdbombern rechnen könne. Man versicherte ihm, daß Wetter ließe Flüge zu.

Auf den Einsatz schwerer Bomber verzichtete Evans absichtlich, denn er wollte den Gegner nicht aufmerksam machen. Ein paar Jagdbomber würden ihn nicht aufscheuchen, jedenfalls nicht so schnell.

Im ersten Morgenlicht des 14. Februar stürzten sich die noch in der Dunkelheit in Assam gestarteten Jagdbomber auf das Ufer gegenüber Nyaungu, während die Vorausabteilungen der 7. Division in unzähligen, höchst befremdlich anmutenden Wasserfahrzeugen begannen, den Fluß zu überqueren. Infanteristen erklommem das hohe Ufer im Feuer einiger schnell alarmierter japanischer Verteidiger, aber der Vorstoß war nicht mehr aufzuhalten. Die 7. Division hatte ihren Fuß auf dem Ostufer.

Japanische Verstärkungen kamen nicht heran, denn am selben Tage griffen Teile der 19. Division aus ihrem Brückenkopf heraus Singu an. Die Täuschung gelang. Da Kimura meinte, es handele sich um den lange erwarteten Hauptstoß, konzentrierte er seine Kräfte gegen die 19. Division und übersah, daß inzwischen auch die 20. Division südlich von Mandalay über den Fluß setzte. Schneller als die Japaner es für möglich gehalten hatten, weiteten die Alliierten ihre Brückenköpfe aus. General Slim bekam drei Divisionen über den Irawadi, zwei weitere warteten auf den Befehl zum Übersetzen.

Im Süden, bei Evans' 7. Division, hatte man sehr schnell die Panzerbrigade über den Fluß gebracht, der die 17. Division folgte. Ohne zu zögern begann der Vorstoß auf Meiktila. Mit dieser Wendung hatte General Kimura überhaupt nicht gerechnet.

Die Panzer der 17. Division brauchten genau 85 Stunden, um den Fluplatz von Meiktila zu erreichen. Eric Tomlin war einer der ersten, die sich die zerschossenen japanischen Flugzeuge besahen. Nugung saß auf einem Panzer und rauchte, während das Gefecht seinem Höhepunkt zustrebte. Für ihn stand fest, er hatte seinen Beitrag bereits bei der Aufklärung der Übergangsstelle geleistet.

Die Japaner waren völlig überrascht. Sie verteidigten zwar jede Stellung fanatisch, aber als zur Verstärkung die 5. Luftlandedivision eingeflogen wurde und sich die ausgeruhten Soldaten mit »Bazookas« und Flammenwerfern auf sie stürzten, erlosch der Widerstand nach und nach.

Der japanische Stadtkommandant von Meiktila, Generalmajor Kasuya, fiel im Kampf, der in der Stadt zuletzt meist nur noch mit Bajonetten und Handgranaten ausgefochten wurde. In den brennenden Straßen lagen tote oder sterbende japanische Soldaten, manche durch Granaten zerrissen, andere verkohlt vom Strahl der Flammenwerfer. Es gab nur wenige Gefangene, meist Schwerverwundete. Tagelang standen schwarze Qualmwolken über der Stadt, denn die Japaner hatten die meisten Materiallager noch sprengen können. Mit dem Fall von Meiktila war das Schicksal Mandalays vorausbestimmt. Die japanischen Truppen gerieten zwischen mehrere aus verschiedenen Richtungen kommende Angriffskeile, so daß der Widerstand, obwohl fanatisch, mehr und mehr zur aussichtslosen Verteidigung letzter Stellungen wurde.

Nach dem gelungenen Übergang bei Nyaungu holte General Slim zum letzten Schlag gegen Mandalay aus. Das war am 19. Februar. Er hatte inzwischen drei Divisionen vollständig auf der Ostseite des Flusses, zwei weitere standen bereit. Und vom Süden herauf kam von Meiktila die 17. Division.

Als der Angriffsbefehl erging, stieß die 19. Division aus ihrem Brückenkopf bei Singu weiter südwärts vor. Es dauerte drei Wochen, bis sie nach verlustreichen Kämpfen in einem Nachtangriff die letzte Hügelstellung nördlich von Mandalay erobern konnte. Da lagen die ziemlich erschöpften Soldaten nun bei Sonnenaufgang und hatten einen freien Blick hinunter auf die alte Stadt der burmesischen Könige mit den weißen, vergoldeten Pagoden. Der Ehrgeiz, als erste die Stadt zu betreten, bekam angesichts der von der Sonne angestrahlten alten Heiligtümer neue Nahrung. General Rees, Kommandeur der 19. Division, sagte gerade zu seinem Adjutanten: »Die Kerle sitzen in jeder dieser Pagoden, in jedem Schrein, sogar darunter haben sie ihre Bunker. Wir müssen sie buchstäblich einzeln mit dem Bajonett herauskitzeln«, da merkte er, daß die Kugel eines japanischen Scharfschützen seinen Adjutanten getötet hatte. Er sackte einfach in sich zusammen. Der Schuß hatte ihn genau in die Stirn getroffen. Rees liebte Burma und seine Kulturgüter, seit seiner Zeit als Militärattaché des Gouverneurs. Eigentlich hatte er vorgehabt, gerade die in Mandalay, so gut es ging, zu schonen. Doch er konnte nicht warten, bis sich die Japaner erneut formierten. Schweren Herzens befahl er den Angriff.

Gleichzeitig griffen vom Westen her die 20. und die 2. Division an. Das erste Ziel war die untertunnelte Stadthalle. Pioniere rollten brennende Benzinfässer in die Tunneleingänge, so daß den Verteidigern nur eine Wahl blieb: entweder aufgeben oder Selbstmord.

Wie schon so oft in diesem Feldzug, zeigte sich auch diesmal die Erziehung der japanischen Soldaten, selbst in der ausweglosesten Situation den Kampf nicht zu beenden und die Hände zu heben. Sie klammerten sich an die letzten Trümmer, schossen bis zur letzten Patrone und verloren dabei meist ihr Leben.

Zuletzt lag Fort Dufferin, eine Zitadelle mit dicken Lehmziegelmauern, vor den Soldaten der 19. Division, die man wegen ihres taktischen Zeichens auch die »Dolch-Division« nannte. General Rees, den jeder schon von weitem an seinem knallroten Halstuch erkannte, zögerte mit einem frontalen Angriff, obwohl er genügend Artillerie nach vorn gezogen hatte. Vor ihm lag ein burmesisches Kulturdenkmal, das er sogar von innen kannte. Er erinnerte sich an einen unterirdischen Abwasserkanal, der direkt ins Zentrum der Anlage führte.

»Einen Zug Pioniere zu mir!« befahl er dem Leutnant, der seinen gefallenen Adjutanten ersetzte.

Mit den Pionieren führte er eine längere Unterredung und fertigte dabei aus dem Gedächtnis einige Skizzen an. Zuletzt entließ er das Kommando bis zum Einbruch der Dunkelheit. Die Soldaten erhielten Gummizeug, geeignete Waffen, Sprengstoff und Zünder. Eine Stunde nach Sonnenuntergang, während die Artillerie weiter wummerte und die Schüsse aus Handfeuerwaffen wie Peitschenschläge knallten, krochen die Pioniere in den Kanalausgang und wateten

Schritt für Schritt durch den Morast, immer tiefer gebückt, um unbemerkt zu bleiben und die Zitadelle im Handstreich zu nehmen. Rees hatte befohlen, die Anlage so weit wie möglich zu schonen.

Plötzlich änderte sich die Lage. Das Feuer aus Fort Dufferin ließ nach und brach schließlich ganz ab. Eine Gestalt in einem burmesischen Sarong kam, eine weiße Fahne schwenkend, aus dem Fort und lief auf die Linien der Angreifer zu. Wie sich herausstellte, handelte es sich um einen jungen Burmesen, der für die Japaner gedolmetscht hatte. Ihm war es gelungen, sich in der Endphase zu verstecken. Jetzt war er einfach weggelaufen. Rees staunte, als er erfuhr, die Japaner hätten auf Schleichwegen das Fort verlassen, um sich in kleinen Gruppen durch die Stadt zu schlagen.

Er zögerte nicht. Der Mann schien glaubhaft, und so wurde sofort ein Stoßtrupp losgeschickt. Die Soldaten überkletterten den Lehmziegelwall und suchten in der Anlage nach Japanern. Doch von denen war hier keiner mehr zu entdecken. Statt dessen stieß der Trupp gegen Morgen auf die Pioniere, die, schlammbedeckt und nach Abwasser stinkend, ebenfalls vergeblich noch lebende Japaner suchten.

Am Vormittag, es war der 21. März 1945, zogen Soldaten der 19. Division die Fahne über Fort Dufferin auf. Die Stadt war erobert, obwohl sich noch immer versprengte Japaner in Ruinen verteidigten. Tagelang wurden sie von Soldaten der 19. sowie der inzwischen ebenfalls herangekommenen 2. und 20. Division bekämpft, bis endlich der Gefechtslärm verstummte.

Mandalay war gefallen. Südwärts der Stadt, auf Meiktila zu, befanden sich die Reste der japanischen Streitkräfte, die einst Zentralburma beherrscht hatten, in einer immer enger werdenden Zange.

Eric Tomlin war seit der Einnahme von Meiktila wenig zur Ruhe gekommen, weil er und einige Gurkhas, allesamt erfahrene Veteranen der 17. Division, immer wieder zur

Aufklärung geschickt wurden. Allerdings waren sie jetzt nicht mehr zu Fuß unterwegs; die Aufklärungsabteilung hatte »Valentine«-Panzer bekommen, und auf einem dieser Vehikel, dessen Stahlplatten unter der Sonne glühendheiß wurden, krochen Tomlin, Nugung und ein weiterer Gurkha hinter den Turm der kleinkalibrigen Kanone. Sie sollten ein Dorf aufklären, von dem herumirrende Burmesen berichtet hatten, es gäbe dort noch Japaner.

Am ersten Pfalhaus angelangt, kletterte Tomlin vom Panzer und schlich vorwärts. Die beiden Gurkhas deckten ihn.

Auf ein Zeichen folgte Nugung, der andere Gurkha sicherte weiter. Kein Laut war zu hören, außer den Vogelrufen aus dem Wald. Hier schien es nicht einmal Hühner oder Schweine zu geben. Aber die Behausungen waren intakt. Lediglich eine Hütte war zusammengestürzt, ihre Pfähle waren allem Anschein nach durchgefault und lagen wüst durcheinander.

Die beiden suchten das Dorf ab, ohne auf Japaner zu stoßen. Sie fanden auch keine Einwohner. Tomlin beriet sich mit Nugung: »Wir melden das Dorf feindfrei, und es wird besetzt, oder?«

Der Gurkha machte ein nachdenkliches Gesicht. Schließlich meinte er: »Die Sache ist nicht gut. Ich habe ein kaltes Gefühl im Rücken.«

»Das wird sich geben, wenn du wieder auf den heißen Panzerplatten sitzt.«

Aber Nugung schüttelte den Kopf. »In ein Dorf, in dem es keine Japaner mehr gibt, kehren die Einwohner zurück. Hier nicht. Warum?«

Der zweite Gurkha war herangekommen. Er bemerkte trocken: »Weil noch eine Kanone da ist.«

»Wo?« Tomlin fuhr zusammen.

»Ganz unauffällig hinsehen«, mahnte der Gurkha. »Einer der Pfähle an dem eingestürzten Haus ist kein Pfahl. Das ist ein Rohr.«

Tomlin kroch eine Gänsehaut über den Rücken. Nun sah auch er das Rohr. War es ein Geschütz? Gab es eine Bedienung dafür, oder war sie geflohen?

»Zurück«, quetschte er zwischen den Zähnen hervor. Sie gingen, als wäre ihnen überhaupt nichts aufgefallen, zu dem Panzer zurück, der vor dem Dorf stand und von dem aus man das eingestürzte Pfahlhaus noch nicht sehen konnte. Als sie dem Kommandaten berichtet hatten, verfluchte der zunächst das zu kleine Kaliber seiner Panzerkanone, aber dann sagte er: »Aufsitzen, wir sehen uns das Ding an, und zwar von der Seite.«

Der »Valentine« kurvte zwischen die ersten Häuser, bis das seltsame Stück Rohr für den Panzerkommandanten erkennbar wurde. Er wich seitwärts aus und lauerte, ob das Rohr drehen würde. Und siehe da, es folgte seinem Panzer, zwar langsam, aber immerhin.

Tomlin sprang mit einem Satz vom Panzer und rollte sich zwischen ein paar Bananenstauden. Auf der anderen Seite ließ sich der zweite Gurkha zu Boden fallen. Nugung, hinter dem Turm hockend, schien noch zu zögern.

Und in dieser Sekunde stob aus dem Rohr ein selbst im Tageslicht noch greller Blitz. Die Granate knallte genau neben der Kanone auf den Turm und riß diesen aus seiner Verankerung. Durch den Ruck wurde Nugung vom Panzer geschleudert, und dann krachte das Geschoß, ein Blindgänger, harmlos in die Büsche.

Tomlin schoß als erster, und er sah an der Rauchspur, daß die Salve gut lag, genau dort, wo die Kanoniere stehen mußten. Auch der zweite Gurkha schoß jetzt. Aus dem Panzer sprangen zwei Gestalten, die eine dritte, den toten Kommandaten, hinter sich her zogen. Er war im Turm gewesen, als das Geschoß aufprallte. Der aus der Verankerung gerissene Turm hatte ihm das Genick gebrochen.

Zu viert kreisten sie das unter den Trümmern versteckte Geschütz ein, aber mit ihren Handfeuerwaffen konnten sie

Mit flachen Booten setzt diese alliierte Einheit über den Chindwin. Zwei Jahre zuvor waren die meisten Soldaten in umgekehrter Richtung – geschwommen

nur wenig ausrichten. Vermutlich hätte es ein längeres Feuergefecht mit ungewissem Ausgang gegeben, wenn nicht plötzlich ein zweiter »Valentine« von hinten aufgetaucht wäre. Er machte kurzen Prozeß und schoß mit seiner Maschinenkanone in den Trümmerhaufen, bis sich dort nichts mehr regte. Dann walzte er darüber hinweg. Tomlin und die anderen fanden zwei tote Japaner und die Reste einer 7,5-cm-Kanone in den Trümmern. Nugung, den sie im Eifer des Gefechts beinahe vergessen hätten, taumelte auf sie zu und erkundigte sich noch etwas benommen, was es denn eigentlich gegeben habe.

Sie setzten ihn auf den Panzer und brachten ihn zum Verbandsplatz. Als er die Untersuchungsprozedur hinter sich hatte und aus dem Zelt trat, wurde er von Tomlin und dem anderen Gurkha erwartet. Nugung grinste schon wieder und erklärte: »Kopf angestoßen, sonst nichts, nur eine Beule. Wird blau.«

Tomlin schlug ihm vor Erleichterung so kräftig auf die Schulter, daß er jaulte. Aber er stimmte lachend zu, als Tomlin sagte: »Wenn du nichts als eine Beule hast, machst du Dienst wie immer. Damit erlebst du das Kreigsende und wirst noch eine Menge Samuraischwerter sammeln können bis Tokio!«

General Slim flog, nachdem der Sieg bei Mandalay und Meiktila feststand, ins Hauptquartier Mountbattens und erstattete Bericht.

Dabei erfuhr er zum ersten Mal Genaueres über die ebenfalls im Winter begonnene Kampagne in Arakan, die zusammen mit der Operation in Zentralburma die Rückeroberung Rangoons und die endgültige Vertreibung der Japaner aus Burma vorbereiten sollte.

.In Arakan war zur gleichen Zeit, als Slim nach Mandalay und Meiktila vorpreschte, ein nicht weniger wichtiges Unternehmen abgelaufen. Unter dem Kommando von Generalleutnant Christison stieß das 15. Armeekorps mit starker Luftunterstützung zu Lande und zu Wasser ostwärts vor. Im Kampf standen hier zwei indische und zwei westafrikanische Divisionen, die 22. Ostafrikanische Brigade und die 50. Panzerbrigade, unterstützt von der 224. Royal-Air-Force-Gruppe. Aber auch die kleinen, schnellen Schiffseinheiten, amphibische Landekommandos und überhaupt alles, was es an Seefahrzeugen an der Küste des Golfes von Bengalen gab, waren beteiligt.

Mountbatten skizzierte für Slim nach dessen Bericht den Verlauf der bisherigen Kämpfe in Arakan. »Wir haben unsere vordringenden Truppen hauptsächlich auf die Versorgung aus der Luft eingestellt, mein lieber Slim, und heute zwingt uns das zu einer Reihe arithmetischer Überlegungen. Die Entfernungen von den Basen zur kämpfenden Truppe werden von Tag zu Tag größer. Versorgungsflugzeuge haben ein

Am Rande von Kohima: Nach mehr als sechswöchigem erbitterten Abwehrkampf nur noch Ruinen und Trichter

Limit von etwa 400 Kilometern. Mandalay ist beispielsweise die letzte Position, die wir von Manipur aus mit Nachschub anfliegen können. Meiktila muß bereits von Chittagong aus versorgt werden. Wenn wir Ihre Armee weiter nach Süden vordringen lassen, und das wollen wir, dann müssen wir jetzt bereits Flugfelder in Arakan für die Versorgung nutzen. Wir haben diese Situation erwartet und sind daher in Arakan soweit es ging vorgestoßen, und wir haben die nötigen Flugfelder entweder gesichert oder bauen sie ...«

Zuerst war Akyab, die Insel südöstlich der Mayu-Landzunge, angegriffen worden. Christisons Truppen landeten an der Südküste. Zugleich lief an der Nordküste ein Ablenkungsangriff. In Akyab waren drei japanische Bataillone stationiert gewesen, bis Chistisons Truppen auch auf dem

Festland vordrangen. Da hatte das japanische Oberkommando schnell zwei davon zum Festland beordert.

Das führte dazu, daß der britische Angriff auf Akyab die Japaner buchstäblich überrannte. Sie zogen ihr drittes Bataillon in aller Eile auch noch ab, um es nicht aufreiben zu lassen, und so fiel die Insel bereits am 3. Januar an die Alliierten und mit ihr einer der wichtigsten Flugplätze in diesem Gebiet.

Der weitere Angriff auf der Landseite stieß auf enorme Naturhindernisse, die allerdings den Japanern ebenso zu schaffen machten. Die Küstenlandschaft, die sich an die dichten Mangrovensümpfe anschloß, wurde von den Gezeiten teilweise überflutet. Bei Ebbe blieb eine Schlammwüste zurück, schwer begehbar, voller Krokodile, verseucht mit Moskitos und Skorpionen. Es bereitete ungeahnte Schwierigkeiten, sich nicht nur gegen diese Unbilden der Natur, sondern auch noch gegen die überall in Hinterhalten lauernden Japaner vorwärts zu kämpfen.

Aber der Angriff wurde buchstäblich ohne Rücksicht auf Verluste vorangetrieben. Dazu zwangen zwei Faktoren, die jeder Offizier kannte: General Slims Truppen, die von Meiktila auf Rangoon zu stießen, gaben das Tempo an, in dem die japanischen Verteidiger von der großen Zange der beiden Armeen eingequetscht werden mußten, wollte man sie der weiteren Aktionsfähigkeit berauben und den Kampf dadurch verlustloser führen.

Außerdem setzte die Jahreszeit ein Limit: Mitte Mai würde der Monsun das Schlachtfeld in Arakan mit seinen Regenstürmen überziehen und jede weitere Bewegung dreifach erschweren. Hatte man die Japaner bis dahin nicht so dezimiert, daß sie Rangoon aufgeben mußten, würde der Krieg noch ein weiteres Jahr dauern. Und nach dem Fall von Rangoon lag überdies ein weiter Weg vor den Alliierten, der erst in Singapore enden würde. Manche sagten in Tokio …

Tod in Arakan. Wer im Gewirr der unzähligen sumpfigen Wasseradern
fiel, wurde meist erst nach Wochen entdeckt. So mancher versank aber
auch spurlos im braunen Schlamm

Mountbatten hatte sich rechtzeitig zu kombinierten Land-See-Operationen in Arakan entschlossen. Die technischen Voraussetzungen waren vorhanden, und die Japaner hatten davon wenig Ahnung. Ihre Aufklärung ließ zu viel zu wünschen übrig, um die Aktionen eines so gut gerüsteten und flexiblen Gegners vorauszusehen.

Nach Akyab griff Christison am Morgen des 21. Januar mit der 4. und 71. Indischen Infanteriebrigade die große Insel Ramree an, die letzte der Arakan vorgelagerten Kette.

Der Vorstoß gelang zügig, weil die Verteidiger die Landung an einer anderen Stelle erwartet und dort die stärkste Abwehr konzentriert hatten. So verteidigten sie sich zwar an der Landestelle hartnäckig, doch Christison beorderte Zerstörer und Kanonenboote vor die Küste, die die Stellungen beschossen. Dazu stiegen vom Flugzeugträger »Ameer«, der vor der Insel kreuzte, Jagdbomber auf. Unter diesem massiven Bombardement zogen sich die Verteidiger schließlich in den Ostteil der Insel zurück. Das besiegelte ihr Schicksal. Sie verloren sich in den Sümpfen oder kamen bei dem Versuch um, mit primitiven Flößen das Festland zu erreichen.

Die Jagd auf einzelne Widerstandsnester dauerte schon drei Wochen, als eines Tages ein Bambusfloß auf einem der Gezeitenkanäle aus dem Sumpf trieb. Es trug eine weiße Flagge und war mit einem japanischen Militärarzt besetzt, der sich entschlossen hatte zu kapitulieren.

»Ich kann es nicht mehr mit ansehen, wie die Verwundeten sterben müssen«, sagte er in leidlichem Englisch, »und ich ertrage es auch nicht mehr zuzusehen, wie Leute buchstäblich verhungern, wie Skorbut oder Fieber sie zu Knochengerippen machen.«

»Können Sie den Rest Ihrer Kameraden überzeugen, auch aufzugeben?« wurde er von einem Offizier gefragt. Der Arzt war bereit, über ein Megaphon einen Aufruf zu verlesen.

Daraufhin kreuzte für den Rest des Tages ein Motorboot durch die Sumpfkanäle, und er verlas die Botschaft. Das

Ergebnis war mager. Am Ende hoben nur ganze 20 von 1000 japanischen Versprengten die Hände.

Um die Aktion abzuschließen, wurden die Sümpfe auf Ramree mit Artillerie beschossen und aus der Luft bombardiert, bis der letzte Widerstand der Japaner erlosch. Das war gegen Ende Februar. Die Pioniere hatten unverzüglich mit dem Bau von Flugfeldern begonnen.

In der Folgezeit ergoß sich ein Strom von Material auf Akyab und Ramree. Auch die kleinen Häfen der Inseln wurden schnell von Pionieren ausgebaut, so daß Fracht gelöscht werden konnte.

General Slim bekam eine Vorstellung davon, was sich hier aufbaute, als ihn eine Maschine des Hauptquartiers an der Küste entlang bis Cheduba flog, einem winzigen Eiland, das ebenfalls eingenommen worden war.

»Gehen Sie tiefer! Gehen Sie auf dreihundert Meter!« wurde der Pilot der Maschine über sein Funkgerät aufgefordert. Er folgte der Anweisung, und nach einer Weile deutete er nach oben, wo man durch das Glasdach der Kanzel einen nicht enden wollenden Strom von Viermotorigen sah, die ostwärts flogen, von schnellen Jagdmaschinen gesichert.

»Rangoon?« erkundigte sich Slim.

Der Pilot schüttelte den Kopf. »Nein, Sir. Die zerklopfen den Japanern die Siam-Burma-Eisenbahnlinie. Vierhundert Kilometer durch Dschungel, über Berge und Flüsse. Sechshundertachtundachtzig Brücken, genau. Die größte haben sie von unseren Kriegsgefangenen bauen lassen. Aber die Air Force hält gegenwärtig einen unveröffentlichten Rekord; sie zerbombt durchschnittlich jeden Tag neun Brücken. Mehr als hundert Tonnen täglich kriegen die Japaner nicht mehr über die Strecke.«

Als Slim nach dem Flug zum Befehlsempfang bei Mountbatten erschien, hatte der Whisky eingegossen und stieß mit ihm an. »Auf unseren Erfolg Slim! Mitte Mai, wenn der Monsun die himmlischen Schleusen öffnet, sehen wir uns in

Rangoon. Sie stoßen sofort, mit allem was Sie haben und koste es was es wolle, auf Rangoon vor. Lassen Sie die Japaner hinter sich. Seien Sie schnell. Sie werden aus der Luft versorgt. Kümmern Sie sich nicht um das Hinterland. Durchbruch. Was an Japanern hinter Ihnen zurückbleibt, ist ohne Transportmittel und Nachschub ohnehin verloren. Es gibt burmesische Guerillas, die sich um diese Überbleibsel kümmern werden. Wir kommen Ihnen, sobald Sie auf Rangoon zu stoßen, von See her entgegen.«

Er hob das Glas. Manchmal, wenn Lord Mountbatten seinen Generalen Befehle erteilte, ließ er die üblichen militärischen Formen einfach wegfallen.

Dracula

Östlich von Meiktila gab es noch keine durchgehende alliierte Front, als sich eine kleine Gruppe japanischer Verteidiger, fünf Soldaten, zwei davon verwundet, in Richtung Taunggyi zurückzog. Sie hatten die Kämpfe um Meiktila überlebt. Nun kam es ihnen eigentlich nur noch darauf an, ihr Leben zu retten, um weiterhin für den Tenno zu kämpfen oder ehrenhaft zu sterben, ganz so wie man es ihnen mit dem Bushido-Geist, dem Ehrenkodex der alten japanischen Kriegerkaste, von Jugend auf anerzogen hatte.

Einige Tage schlichen sie über bewaldete Hügel, mieden Siedlungen und hatten dabei die Hoffnung, an Taunggyi vorbei in die Berge zu gelangen. Dahinter lag Siam, das mit Japan verbündet gewesen war, wenngleich ohne selbst direkt am Kampf teilzunehmen.

Die fünf Männer waren müde und schmutzig, der Hunger nagte in ihren Eingeweiden, und sie litten an Durchfall. Ihre Haut war von Geschwüren bedeckt, ihre Zähne drohten auszufallen, wenn sie einmal eine eßbare Wurzel ausgruben und anbissen oder eine Wildbanane. Skorbut.

Sie rechneten nicht mit gegnerischen Truppen, als sie sich eines Tages für ein paar Stunden in einer Felsgrotte verkrochen, um auszuruhen, ein wenig von dem aus den Wänden sickernden Wasser aufzulecken und die beiden Verwundeten zu neuen Kräften kommen zu lassen. Die Engländer waren von Westen her gekommen, und so weit östlich konnten sie noch nicht sein.

Sie fuhren aus dem Schlaf, als plötzlich vor dem Eingang

der Grotte, die nicht sehr tief war, ein Schuß fiel. Sofort griffen sie nach ihren Gewehren. Seine Waffe und ein paar Handgranaten hatte jeder von ihnen auf der beschwerlichen Flucht mitgeschleppt.

»Kommt heraus!« rief jemand in sehr schlechtem Japanisch. Vermutlich ein Einheimischer, die Engländer erkannte man an der näselnden Art, in der sie eingepaukte Phrasen, beispielsweise die Aufforderung, sich zu ergeben, herausquetschten.

Der dem Eingang der Grotte am nächsten liegende Soldat feuerte einen Schuß ab, ohne zu zielen. Waren draußen Dorfbewohner, würden sie es vielleicht vorziehen, eine Schießerei mit Soldaten zu vermeiden. Aber als Antwort knallte ein weiterer Schuß, und die Stimme forderte: »Kommt heraus! Wir fordern euch kein drittes Mal mehr auf!«

»Wer seid Ihr?«

»Burmesische Nationalarmee. Ihr habt nur noch die Chance, euch gefangen zu geben …«

Die Japaner berieten kurz. Dann hakten sie ihre Handgranaten von ihren Koppeln ab und zogen die Sicherungsstifte. Sie waren entschlossen auszubrechen. Dazu würden sie die Granaten vor den Eingang werfen und dann nach den Explosionen angreifen. Selbst die beiden Verletzten wollten sich beteiligen.

Als der Soldat am Eingang das Zeichen gab, schlugen die anderen ihre Handgranaten kurz auf den Felsboden. Keine andere Handgranate der Welt besaß diesen Mechanismus, bei dem nach Ziehen des Stiftes erst eine starke Erschütterung den Vier-Sekunden-Zünder auslöste. Sie warfen zugleich. Es gab einen ohrenbetäubenden Knall, Splitter prasselten ins Gestein. Die fünf Soldaten sprangen schießend und mit »Banzai«-Geschrei aus der Grotte.

Sie blickten verwirrt in die Gegend. Niemand bot sich ihnen als Ziel für einen Schuß oder einen Bajonettstich an.

Der zurückeroberte Flugplatz der wichtigen burmesischen Stadt Myit-kyina. Noch schießt japanische Artillerie auf die landenden alliierten Flugzeuge. Im Hintergrund eine brennende »Dakota«

Dafür kam Gewehrfeuer aus einiger Entfernung, wo einzelne Felsbrocken eine vorzügliche Deckung boten.

Sofort stürzten die Japaner auf diese Felsen zu. Aber sie kamen nur ein paar Schritte weit. Einer nach dem anderen brach durch gutgezielte Schüsse zusammen. Erst als sich niemand mehr rührte, erhoben sich die Angreifer hinter den Felsbrocken. Es waren weder Engländer noch Inder oder Afrikaner, sondern Einheimische. Gekleidet in Sarongs, um den Kopf die landesüblichen Tücher gebunden. Eine Gruppe von neun Männern mit einem Anführer, der sogar eine englische Maschinenpistole trug. Sie überzeugten sich, daß die Japaner tot waren, nahmen ihnen die Gewehre ab und rollten sie dann in einen Felsspalt. Obenauf schichteten sie noch eine Lage Steine. Dann zogen sie weiter. Es gab vermutlich noch mehr solcher versprengter Gruppen von Japanern in der Gegend.

Während die japanische Okkupationsmacht in Burma zerbrach, die Reste der kaiserlichen Armee nach Süden oder Osten getrieben wurden, fing das Land unter ihren Füßen gleichsam Feuer.

Am Anfang hatte die Enttäuschung der Burmesen über diese Eroberer gestanden, die sich mit der Parole von der Befreiung vom britischen Kolonialdiktat und dem Versprechen, eine gesamtasiatische Wohlstandssphäre zu errichten, eingeführt und sogar zeitweise Sympathisanten gewonnen hatten. Japan hatte selbst einige bewaffnete burmesische Verbände aufstellen können, mußte diese aber bald wieder auflösen, weil sie sich mehr mit dem Plündern beschäftigten als mit den Aufgaben, die ihnen die Militärverwaltung zuwies. Das Kaiserreich konnte dem Land keine echte Unabhängigkeit geben. Die Burmesen merkten bald, daß sie von Untertanen Englands zu Untertanen Japans geworden waren. Das gab ihrem Nationalgefühl neuen Auftrieb. Die »Thakin«, jener Verbund patriotischer Burmesen, den Aung

San anführte, gewann einen gewaltigen Zulauf. Gleichzeitig vollzog sich in der Kolonialpolitik Englands ein weittragender geistiger Wandel. Man sah die ehemaligen Kolonien in der Zukunft als eine Art um das Empire gescharte Staatengemeinschaft, mit einer vorerst noch kontrollierten Souveränität. So gab die britische Regierung durch Kontaktleute der neuen patriotischen, gegen Japan gerichteten Bewegung das Versprechen, Burma nach dem Krieg von jeglicher Bevormundung zu befreien. Britische Agenten, die 1944 mit Aung San, dem herausragenden Mann der neuen Bewegung, in Kontakt kamen, hatten von ihm die Zusage erhalten, daß unter diesen Bedingungen burmesische Bewaffnete die Alliierten gegen Japan unterstützen würden. Das wurde zunächst in Form von offenem und verdecktem Widerstand, von Sabotage und der Übermittlung von Nachrichten praktiziert. Aber jetzt, im Frühjahr 1945, verfügte Aung San im ganzen Land bereits über etwa 7000 Kämpfer – eine nicht zu unterschätzende Macht.

Mountbatten, als Realist bekannt, stieß sich nicht daran, daß derselbe Aung San vor dem japanischen Überfall gegen die britische Kolonialmacht agitiert hatte. Er sorgte unauffällig dafür, daß erbeutete japanische Waffen zu den Guerillas gelangten, und er schickte ihnen auch Verbindungsoffiziere, um bestimmte Aktionen mit ihnen zu koordinieren.

In London akzeptierte man dieses Vorgehen. Aung Sans Kämpfer fügten den Japanern verstärkt Schaden zu, sie überfielen Konvois und Posten, vor allem aber zerstörten sie Straßen, Brücken und Telefonverbindungen. Für England deutete sich die Perspektive an, eine vom Gegner besetzte Kolonie unter aktiver Mithilfe von deren stärkster politischer und militärischer Bewegung zu befreien, mit der Perspektive, sie als Kolonie später aufzugeben.

General Slim setzte Mountbattens Befehl sofort nach seiner Rückkehr zur Truppe in militärische Aktivitäten um. Der

Hauptteil seiner mechanisierten Kräfte stieß entlang der nach Süden führenden Straße und der parallel laufenden Eisenbahn in Richtung Toungoo vor, ohne sich lange mit örtlichen Widerstandsnestern aufzuhalten. Nur wenn der Gegner den rasanten Vormarsch direkt zu stoppen versuchte, gab es größere Gefechte.

Pyawbwe, eine Station auf diesem Weg, die die Japaner stark vermint hatten, wurde durch den Einsatz von Pionieren, die eine Gasse durch die Minenfelder schlugen, schnell überrannt.

Gleichzeitig drangen andere Kräfte Slims, von Meiktila einen Bogen westwärts schlagend, auf Prome vor und schnitten so die Ölfelder um Yenangyaung nach Süden hin ab. In beiden Fällen drängte Slim die noch kämpfenden Japaner in die Gebiete zwischen den Verkehrsadern ab und beraubte sie so ihrer Mobilität, die ohnehin nicht mehr groß war, da sie besonders durch Tieffliegerangriffe immer mehr Fahrzeuge verloren.

Oftmals wurde an ebenen Plätzen, an denen die Air Force bereits mit C-47 und Lastenseglern Nachschub einflog, noch gekämpft, während die ersten Maschinen bereits landeten. Die Durchbruchstrategie der Alliierten brachte die Japaner restlos durcheinander, obwohl ihnen die Kriegführung aus der Bewegung heraus ja nicht etwa fremd war. Im Gegenteil, sie hatten sie am Anfang ihres Feldzuges selbst meisterhaft praktiziert. Jetzt fanden sie kein Mittel mehr dagegen.

Eric Tomlin und der Gurkha Nugung waren bei der Aufklärungsabteilung geblieben. Tomlin liebte es, auf dem Panzer zu sitzen und über die Straße zu rattern, weil der Fahrtwind die Hitze etwas erträglicher machte. Manchmal fiel lange Zeit kein Schuß. Einen Ort nach dem anderen ließen sie hinter sich. Zuweilen gab es sogar schon Burmesen, die am Straßenrand standen und zaghaft winkten. Nicht selten schlichen in einiger Entfernung versprengte Gruppen von Japanern ebenfalls südwärts, immer darauf bedacht, von den Gegnern auf der Straße nicht entdeckt zu werden. Eine Art Wettlauf hatte begonnen. Beide Armeen wollten nach Rangoon zurück, die eine, um sich zu retten, die andere, um die Stadt einzunehmen.

Am Morgen des 22. April erreichte die Vorausabteilung mit ihren Panzern Toungoo, eine einst geschäftige Stadt, in der das Leben auch jetzt keinesfalls völlig erloschen schien. Nugung hatte Durst. Er wartete darauf, daß der erste Panzer, auf dem er mit Tomlin saß, anhielt, um schnell in eins der Häuser flitzen zu können und Wasser zu holen.

»Sieh dir das an!« hörte er den Corporal rufen. Er folgte dessen ausgestrecktem Arm mit seinem Blick und glaubte seinen Augen nicht zu trauen. Vor dem Panzer, der eine relativ breite Straße entlangratterte, stand auf einer Kreuzung ein Podest und darauf ein sauber uniformierter japanischer Militärpolizist, der händeschwenkend den Verkehr zu regeln versuchte.

Dem Panzer zeigte er die Handfläche: Stop!

Tomlin lachte auf und hob die Sten. Aber er kam nicht zum Schießen. Der Panzerfahrer hatte seine Überraschung überwunden, gab Gas und rollte über den Japaner und dessen Podest hinweg.

»Ich wette«, sagte der Gurkha, »der hat überhaupt nicht gemerkt, wer wir sind!«

Ein paar Geschütze, die noch feuerten, ein paar Scharfschützen, die der schnell fahrenden Kolonne nichts weiter anhaben konnten: Japans Kommunikationssystem im besetzten Burma war zusammengebrochen, die Truppen hatten keine Ahnung mehr, wo der Gegner stand und wo er gerade angriff.

Ende April überrumpelte die Vorausabteilung mit ihren Panzern eine Stellung kurz vor Pegu. Hier mußte erstmals halt gemacht werden, weil die Japaner vom nahen Rangoon her Verstärkung schickten, um den weiteren Vorstoß aufzuhalten. Und hier endlich kam der Gurkha Nugung zu einer großen Kanne Wasser, gemischt mit aromatischem Zuckerrohrsaft. Als er die Kanne schließlich an Tomlin weiterreichte, grunzte er wohlig: »Das reicht für den Rest des Krieges!«

Über der Stadt kreiste eine kleine Maschine, in der General Slim saß. Er hatte aus der Luft sehen können, daß der westlich vorgehende Teil seiner Armee vor Prome anhielt, um sich auf den Sturm vorzubereiten. Zwischen dieser Einheit und den aus Arakan vorgehenden Verbänden gab es bereits Kontakt. Rangoon hatte der General aus der Luft inspiziert. Er hatte Brände gesehen und an manchen Stellen Truppenansammlungen, auch im Hafen. Zwischen Pegu, wo die Vorausabteilung stand, und Rangoon lagen noch hundert Kilometer.

»Was ist das schon!« brummte er, ohne daran zu denken, daß sein Kehlkopfmikrofon eingeschaltet war. Der Pilot mißdeutete die Frage und antwortete: »Eine ›Hurricane‹, Sir. Drei davon decken uns, für den Fall, es gibt irgendwo noch ein Nest mit japanischen ›Zeros‹.«

Seine Bemerkung bezog sich auf eine Maschine, die in einiger Entfernung schräg vor ihnen flog und die jetzt zu einer Steilkurve ansetzte. In dem Flugzeug saß Captain Tim Slivers, der diese Maschine schon seit Beginn des Krieges flog. Ihre Tragflächen leuchteten kurz in der Sonne auf, als sie an Slims Maschine vorbeizog.

»Warum vollführt er dieses Kunststück?« wollte der General wissen.

Der Pilot tippte auf den Kraftstoffanzeiger und antwortete: »Zeit zur Umkehr, der Saft ist auf der Hälfte, Sir!«

Slim war einverstanden. Er hatte genug gesehen. Es war Zeit, sich bei Mountbatten über den Fortgang der Operation zu informieren, die von See her auf Rangoon geführt wurde.

Nach der Landung in Akyab untersuchte Tim Slivers seine Maschine sehr genau und stellte mehrere Treffer im hinteren Rumpf fest.

»Flak«, sagte er, als er in der Kantine des Feldflugplatzes, einem ehemals japanischen Depotzelt, ein ziemlich dünnes, indisches Bier trank und Saunders sich zu ihm gesellte, der mit seiner »Mosquito« immer noch Aufklärung für das Geschwader flog.

Slivers griff nach einer Zigarette. »Ich glaube, die Japaner wollen Rangoon hundert Kilometer nördlich verteidigen. Haben eine Menge Zeug dort aufgefahren. Ich habe die Treffer gemerkt. Aber der General hat garantiert in seiner Kiste nichts geschnallt, obwohl er auch was erwischt haben muß. Nach der Rauchspur zu urteilen.«

Sie wußten beide, daß der Krieg um Burma in seine Endphase ging. Hundert Kilometer waren keine Entfernung für eine schlagkräftige motorisierte Truppe. Und für die Japaner gab es so gut wie keine Möglichkeit mehr, Flugzeuge einzusetzen. Mingaladon, der Flughafen von Rangoon, war der letzte überhaupt noch anfliegbare Platz hier unten. Und bis zu den Plätzen in Thailand war es zu weit.

»Morgen bin ich wieder über Rangoon«, sinnierte Saunders. »Die großen Schiffe der Landungsflotte müssen weit draußen liegen, wegen des seichten Küstenwassers. Heute haben sie ein Bataillon Gurkhas an Fallschirmen über Elephant Point abgesetzt, und die scheinen die Sache in der Hand zu haben, nach dem was ich gesehen habe. Kannst du dich an Elephant Point erinnern?«

»Habe oft genug dort Flakscheiben geschleppt«, erwiderte Slivers und ließ sich noch ein Bier geben.

Elephant Point war eine Art Sperrfort an der Mündung des Rangoon River, dem östlichen Mündungsarm des Irawadi in den Golf von Martapan. Eine Ansammlung von Betonklötzen und offenen Geschützstellungen, die den Zugang zur Stadt von See her blockieren sollte.

Die Japaner hatten dort bis vor kurzer Zeit größere Einheiten stationiert. Nun war ihr Verteidigungskonzept völlig durcheinandergeraten. General Slim fand das heraus, als er

»Chindwin-Marine«: Bei der Wiedereroberung Burmas nutzten die britischen Truppen mit leichten Motorbooten die Wasserwege

mit Mountbatten über die Lage sprach, die sich hier inzwischen an der Küste vor Rangoon herausgebildet hatte.

Die Landungsoperation war viele Wochen vorbereitet worden. Zur Unterstützung hatte man sogar schwere Schiffseinheiten abgestellt, die allerdings wegen der geringen Wassertiefe in der verschlammten Flußmündung weit vor der Küste bleiben mußten. Wohl aus einer fixen Idee heraus war vom Operationsstab die Codebezeichnung »Dracula« gewählt worden. Die meisten einfachen Soldaten wußten sicher kaum, was es mit Dracula auf sich hatte.

Zuerst landeten einige hundert Gurkhas an Fallschirmen in dem vorher künstlich eingenebelten Gebiet von Elephant Point. Etwa ein Bataillon schwer zu entmutigender Kämpfer, die zu den besten der Armee gehörten. Aber ihre Aufgabe, das Sperrfort zu erobern, erwies sich als weniger schwer, verglichen mit manchem, was sie in Burma bereits hinter sich hatten.

Durch den Qualm der Rauchbomben schlug ihnen nur vergleichsweise leichtes Abwehrfeuer entgegen. Die Gurkhas stürmten sofort mit Flammenwerfern gegen die Befestigungen an, nachden ihre Granatwerfer das Gelände beharkt hatten. Sprengladungen flogen in die Schießscharten der Bunker, Feuerstrahlen züngelten hinterher. Doch zum großen Erstaunen der Gurkhas blieb die Gegenwehr weiterhin schwach.

Die Erklärung fand sich, nachdem die kleinen Soldaten aus Nepal die Bunker aufgesprengt und erobert hatten: Es gab in dieser Sperranlage, die den Rangoon-Fluß und damit den Hafen gegen Angriffe von See abschirmen sollte, ganze siebenunddreißig Verteidiger. Nur einer von ihnen überlebte verletzt.

Von diesem Japaner erfuhren die Gurkhas, daß das Oberkommando seine Garnison in der Hauptstadt Burmas schon vor Tagen, als Pegu bedroht wurde, im Eilmarsch dorthin verlegt hatte. Man rechnete wohl doch nicht mit einer Landung von See her und versuchte, bei Pegu den Gegner aufzuhalten, um auf diese Weise den Rückzug nach Siam zu schaffen.

In der Tat war die Landung der 26. Indischen Division, die auf den Transportern vor der Küste den Befehl »In die Boote« erwartete, eine der kompliziertesten Landeoperationen des gesamten Krieges. Weil die Wassertiefe nicht ausreichte, näher an die Küste heranzufahren, mußten die schweren Schiffseinheiten etwa 50 Kilometer vor der Küste ankern. Das hieß, daß die meisten Schiffsgeschütze nicht in die Vorbereitung der Anlandung eingreifen konnten, und verlängerte den Weg der Landtruppen bis zum Strand ganz beträchtlich. Die Entfernung überstieg die Strecke zwischen Dover und Calais, eine etwa fünf Stunden lange Fahrt in den Landungsbooten, bei aufgewühlter See. Als die Soldaten in die Boote kletterten, tobte außerdem noch ein schwerer Gewittersturm. Die meisten wurden seekrank, wenn sie es nicht schon waren, zumindest aber naß bis auf die Haut.

Um diese Zeit wußten sie noch nicht, wie die Operation der Fallschirmtruppen bei Elephant Point ausgegangen war.

Am späten Vormittag des 29. 4. 1945 strich Wing Commander Saunders noch einmal über die Tragfläche seiner »Mosquito«. Vom Einsatzzelt her kam sein Beobachter, Lieutenant Stevens, jünger als er, aber unter der drückenden Schwüle, die dem Monsun meist unmittelbar vorausging, ungleich mehr leidend. Die Luft schien buchstäblich mit Elektrizität aufgeladen zu sein.

Stevens kletterte in die Kabine und drängte: »Los, komm, wir brauchen Abkühlung!«

Saunders ließ sich Zeit. Bei diesen Flügen kam es nicht selten vor, daß man irgendwo einen Treffer erwischte. Das Bodenpersonal brauchte ihn nur zu übersehen, und das konnte beim nächsten Flug den Absturz bedeuten.

»Du solltest dich nach Grönland versetzen lassen«, riet

Saunders seinem Beobachter. »Dort hast du jede Menge Erfrischung!«

Er fand keinen Treffer in der »Mosquito«, und als sie gestartet waren, war auch er froh, weil die Luftdüsen jetzt endlich Erleichterung brachten.

Als sie Mingaladon, den Flughafen von Rangoon, überflogen, schüttelte Saunders nach einem prüfenden Blick nach unten mißtrauisch den Kopf und fragte durch die Bordsprechanlage seinen Beobachter: »Flak?«

»Nichts zu sehen«, kam die Antwort.

»Das gibt es nicht! Flugzeuge?«

»Am Boden keine. In der Luft auch nichts.«

»Was soll das heißen?« Saunders war alarmiert. Der Flugplatz war einer der letzten, die Japans Armee noch besaß. Lief hier ein Täuschungsmanöver?

»Der Krieg ist aus, und wir haben den letzten Schuß nicht gehört«, frozzelte der Beobachter.

Saunders knurrte zurück: »Ich werde dir was! Kamera fertigmachen, wir müssen was für die Auswerter haben!«

Er war inzwischen über der Stadt. Die Entfernung betrug nur wenige Kilometer. Aber auch hier war kein Flakfeuer festzustellen. Keine Rauchbällchen explodierender Flakgranaten, keine Rauchspurfäden. Saunders ging tiefer. Da unten lag ein sternförmig angeordneter Gebäudekomplex, den jeder kannte, der einmal in Rangoon Dienst getan hatte: das Stadtgefängnis. Schwarze Dächer. Auf einem lateinische Buchstaben.

»Siehst du die Schrift?« fragte in diesem Augenblick der Beobachter.

»Ich sehe sie!« Saunders ging noch tiefer, zog eine Kurve, und da war sie, die mit Kalk auf das Dach gepinselte Nachricht: »Japs gone! British here!« (Japaner weg, hier sind Engländer).

Stevens fotografierte sie. Saunders drehte ab, Richtung Mingaladon. Wieder kein Feuer. Keine abgestellten Maschinen. Die Landebahn war von Bombeneinschlägen aufgerissen. Und zwischen den Trichtern erschienen plötzlich Leute, winkten mit weißen Lappen, liefen durcheinander. Niemand schoß.

»Sieht so aus, als ob in dem Gefängnis unsere Jungs um Hilfe rufen«, stellte Saunders fest. »Und Japaner sehe ich keine. Das da unten sind Burmesen. Wir landen!«

»Ich wußte gar nicht, daß ich mit einem Selbstmörder fliege«, raunzte Stevens. Aber er machte sich bereit zur Landung, während Saunders schon zwischen den Bombentrichtern nach einer Strecke suchte, die einigermaßen zum Aufsetzen genügte. Er fand eine Bahn, und es hätte auch geklappt, wenn nicht ein Trichter mit lockerer Erde aufgefüllte worden wäre, in dem das Fahrgestell der »Mosquito« einsank, worauf sich die Maschine auf den Kopf stellte und steckenblieb.

»Aus«, bemerkte Stevens trocken. »Die wetzen schon ihre Samuraischwerter für uns!«

Er irrte. Saunders' Beobachtung, daß es sich um Burmesen handelte, stimmte. Die Männer, die ihnen aus der Kabine halfen, waren Einheimische von der Guerilla-Armee. Sie hatten auf der Lauer gelegen und, nachdem die Japaner weg waren, das Gelände besetzt.

»Weg?« Saunders war sprachlos. Der Anführer der Burmesen, ein Mann in seinem Alter, klärte ihn im reinsten Bazar-Englisch auf. »Ganzes Japaner plenty quickie weg, weg, savvy? Nix Japan Soldat. Weg!«

»Sie sind einfach weg«, wiederholte Saunders ungläubig zu Stevens gewandt. Der gab lakonisch zurück: »Und um das festzustellen, müssen wir erst landen und uns die Krücken brechen, bloß weil der Rest der Air Force nichts gemerkt hat!«

Saunders entschied: »In die Stadt! Ich will sehen, was in dem Gefängnis läuft. Sie haben dort Leute von uns, das war schon früher bekannt.«

Die Burmesen hatten ein ziemlich demoliertes japanisches Auto ausfindig gemacht, dessen Motor zwar dauernd Fehlzündungen hatte, aber er lief, und das Vehikel brachte sie zunächst bis an das Gefängnis, das den Japanern als Kriegsgefangenenlager gedient hatte. Hunderte von alliierten Soldaten strömten überglücklich ins Freie, nachdem die Burmesen die Tore aufgebrochen hatten. Kein Wächter war zu sehen.

Saunders gab sich eine Weile dem Jubel hin, mit dem er und Stevens von den ausgehungerten, bärtigen Gestalten begrüßt wurden, dann erinnerte er sich, daß die Gurkhas in Elephant Point hockten, und draußen auf See lag die Flotte.

»Wir brauchen ein Boot!« wandte er sich an einen der Burmesen. Einwohner waren inzwischen herbeigelaufen. Ihre Angst, die sie vor Japanern gehabt hatten, war verflogen.

Eine halbe Stunde später saßen Saunders und Stevens in einem Sampan mit Außenbordmotor, und das wenig militärische Fahrzeug tuckerte den Rangoon-Fluß abwärts zum Meer, um den an Land gegangenen Truppen mitzuteilen, daß Rangoon ihnen keinen Kampf mehr abfordern würde.

Am 26. April, so stellte sich heraus, hatten die Japaner bereits ihre Rangooner Garnison restlos nach Norden verlegt. Das Manöver war eine Fehlentscheidung gewesen. Die vor Pegu festliegenden alliierten Truppen konnten zwar kurzfristig aufgehalten werden, aber inzwischen wurde von See her die Hauptstadt besetzt.

General Christison ließ die 26. Division, die als taktisches Zeichen den Tiger im Triangel führte, die Stadt sichern. Vornweg rasselten ihre Panzer, die inzwischen an Land gebracht worden waren. Als die Bevölkerung begriff, daß die Okkupation der Japaner mit all ihren Schrecken vorbei war, obwohl noch hier und da ein vereinzelter Gewehrschütze aus einem Versteck heraus versuchte, den Lauf der Ge-

schichte aufzuhalten, kam es zu spontanen Freudenaus-
brüchen. Junge Mädchen kletterten auf die Panzer und
ließen sich neben bärtigen indischen Soldaten mit Turban
fotografieren, alte Leute standen gerührt am Straßenrand.
Angehörige der Guerilla übernahmen erste Ordnungspflich-
ten gegenüber Plünderern und löschten die letzten, von den
Japanern angezündeten Häuser.

Über Rangoon schien die Sonne. Weithin über die Dächer
der Stadt leuchtete die vergoldete Spitze der Schwe-Dagon-
Pagode, des weltberühmten Wahrzeichens von Rangoon, das
die Besatzung überstanden hatte.

Einige Tage später kam der Monsun mit seinen sintflutartigen Regengüssen, früher noch, als man ihn erwartet hatte.
Er besiegelte das Schicksal der zwischen der Hauptstadt und
Pegu angesammelten Reste der einst so stolzen japanischen
Verbände. Nur wenige Japaner konnten sich nach Siam retten. Für die Alliierten hieß das nächste Ziel Malaya. Singapore …

Wing Commander Saunders und sein Beobachter Stevens
gelangten, als »Eroberer von Rangoon« gefeiert, wieder zu
ihrem Geschwader. Die neue »Mosquito«, die sie bekamen,
flog schon wenige Tage später wieder Aufklärungseinsätze
zwischen Pegu und Rangoon.

An ihrem Bug leuchtete, gleichsam als Wahrzeichen, eine
kunstvoll in Weiß und Gold ausgeführte Nachbildung der
Schwe-Dagon Pagode.

Anhang

Burma, im westlichen Teil Hinterindiens gelegen, war für Jahrhunderte ein nach außen stark isoliertes buddhistisches Königreich unter dem Einfluß indischer Kultur, in dem verschiedene Dynastien sich häufig befehdeten. Meist ging es dabei um die Vorherrschaft über die nationalen Minderheiten.

Herausragende Dynastie waren die Pagan, deren Herrschaft durch die Mongoleneinfälle im späten 13. Jahrhundert gebrochen wurde. Im 16. Jahrhundert entstand unter den Taungoo ein zunächst stabiles Feudalreich, das jedoch später wieder zerfiel. Danach gründeten die ersten europäischen Händler an der Küste ihre Niederlassungen, bis schließlich die Britische Ostindien Company in drei aufeinanderfolgenden Eroberungskriegen (1824/26, 1852 und 1885) das Land zur englischen Kolonie machen konnte, die dem Vizekönig von Indien unterstand.

Das etwa 750 000 km^2 große Land mit seinem tropischen Monsunklima birgt reiche Bodenschätze, die teilweise noch nicht erkundet sind (Erdöl, Silber, Eisen,Kupfer, Blei, Zinn, Edelsteine, Kohle). Weite Flächen sind mit Regenwald bedeckt, in dem wertvolle Hölzer geschlagen werden. Die Landwirtschaft bietet vor allem Reis, Mais, Jute, Zuckerrohr, Baumwolle und Tabak.

Am 4. 1. 1948 erhielt die ehemalige Kolonie Burma die staatliche Unabhängigkeit. Seit 1989 führt Burma den Landesnamen Myanmar.

Inhalt

**Im selben Verlag erschienen weitere Bücher
von Harry Thürk
über die Kämpfe auf dem asiatischen Kriegsschauplatz**

Pearl Harbor
Die Geschichte eines Überfalls

11., überarb. Aufl., 211 Seiten, 44 SW-Abb.,
6 Karten, 16,80 DM, ISBN 3-89488-043-0

»Luftangriff auf Pearl Harbor! Dies ist keine Übung. Ich wiederhole –
keine Übung!«
Dieser Funkspruch des Kommandierenden Admirals der USA-Pazifik-
flotte, den die Marinefunkstation von Mare Island bei San Francisco
am 7. Dezember 1941 kurz nach 13.00 Uhr empfing, schlug in Amerika wie ein Blitz ein. Der Stolz der amerikanischen Marine, die Pazifikflotte, lag in der Bucht von Pearl Harbor auf Grund. Lange trauerte die
amerikanische Nation über den Verlust der Flotte und den Tod der
über zweitausend Menschen. Aber noch länger hielten sich Argwohn
und Mißtrauen ob der Umstände dieses Ereignisses, ob manches son-
derbaren »Zufalls«: Wieso konnte der japanische Angriffsverband un-
entdeckt über 6000 Kilometer zurücklegen? Warum wurden die angreifenden Flugzeuge von den Radarstationen nicht geortet? Warum
trug die Warnung des Generalstabschefs an die Pazifikflotte nicht den
Regeln entsprechend einen Dringlichkeitsvermerk? All diesen Fragen
geht Thürks Buch nach.

Midway
Die Wende des Pazifik-Krieges 1942

2. Aufl., 271 Seiten, 54 SW-Abb., 2 Karten,
16,80 DM
ISBN 3-89488-040-6

Leseprobe:

»Eine Weile lief Inouye verzweifelt hin und her, strengte sein Gehirn an: Da waren die Kreuzer, jetzt ohne Luftunterstützung, und der Feind hatte irgendwo in der Nähe mindestens einen Träger stehen – vermutlich waren es sogar mehr als dieser eine, wenngleich man nicht wußte, woher sie so plötzlich kamen – und da waren nicht zuletzt, hinter den Kreuzern, die Truppentransporter! Tausende von japanischen Soldaten wehrlos gegen Torpedoflieger. Noch befanden sie sich nicht in unmittelbarer Gefahr, man konnte sie stoppen, um sie nicht der völligen Vernichtung auszusetzen. Inouye entschloß sich, das Unternehmen Port Moresby abzubrechen.

Er konsultierte Tokio nicht. Jede Minute zählte jetzt. Und wenn die Amerikaner die Truppentransporter entdeckten, dann würde dies das Ende von Inouyes Karriere bedeuten. Da blieb dann nur Seppuku, der rituelle Selbstmord.

So kam es, daß der Landungsverband für Port Moresby schon abgedreht hatte und zurücklief, als auf den beiden großen US-Trägern die Torpedoflugzeuge und Bomber zum nächsten Flug aufmunitioniert und betankt waren.

Die Kapitäne des japanischen Kreuzerverbandes unter Admiral Goto, die ebenfalls kehrtmachten, ahnten nicht, daß sie damit einem Zusammentreffen mit drei gegnerischen Kreuzern entgingen, in dem sie durchaus gute Chancen gehabt hätten. Fletcher hatte die drei Kreuzer, die unter dem Befehl des Briten Crace fuhren, auf den Verband Gotos gehetzt, sobald er den Träger »Soho« ausgeschaltet wußte. So dampften Craces drei Schiffe mit hoher Fahrt nordostwärts, um Gotos Gruppe den Weg abzuschneiden. Doch sie konnten nicht einmal den Schatten eines japanischen Schiffes auf den Radarschirmen ausmachen. Dafür aber wurden ihnen bald feindliche Bomber gemeldet. Sie kamen von Rabaul und Salamaua, wo man sie im Schnellstart losgeschickt hatte, um den Gegner an einer etwaigen Verfolgung der Truppentransporter auf ihrem Rückweg zu hindern ...«

Singapore

7. Aufl., 224 Seiten, 34 SW-Abb., 9 Karten,
16,80 DM
ISBN 3-89488-052-X

7. Dezember 1941. Japanische Konvois nehmen Südkurs – auf die malaiische Küste. Kein Befehl für Gegenmaßnahmen erfolgt. Die Zeit, dem Angreifer zuvorzukommen, verstreicht ungenutzt. Japanische Kriegsschiffe beschießen die Küstenbefestigungen bei Kota Bharu. Japanische Bomber greifen die Flugplätze in den Nordprovinzen an. Tausende von Landungsbooten werfen Wellen japanischer Soldaten an Land. Über Thailand und Indochina tasten sich japanische Truppen auf dem Landweg an die malaiische Grenze heran. Ziel ist die stärkste Bastion Großbritanniens in diesem Gebiet – Singapore. Der Weg dorthin aber führt durch Malaya, eine der reichsten Kolonien Großbritanniens. Und was tut die britische Führung angesichts der drohenden Gefahr? Warum wird Singapore nicht von der Landseite her befestigt?

Dien Bien Phu

Die Schlacht, die einen Kolonialkrieg beendete

2. Aufl., 268 Seiten, 41 SW-Abb., 2 Karten,
19,80 DM
ISBN 3-89488-076-7

Indochina Mitte 1953: Aus Paris erscheint ein neuer Oberkommandierender, General Navarre. Er ist entschlossen, der erschöpften, wirtschaftlich zerrütteten Kolonialmacht Frankreich ihre südostasiatische Domäne zurückzuerobern. Woran seine Vorgänger scheiterten, das will der ehrgeizige Navarre jetzt herbeiführen: den Sieg über die Vietminh. Er bereitet eine spektakuläre Feldschlacht vor und wählt den völlig bedeutungslosen Ort Dien Bien Phu, nahe der laotischen Grenze, aus vielerlei Gründen zum Schauplatz.

Nach dem Korea-Krieg zählen die blutigen Auseinandersetzungen im Talkessel von Dien Bien Phu zu den verlustreichsten Schlachten nach dem Zweiten Weltkrieg.